DR. OETKER

Genießen
Aber günstig!

Für 2 € pro Person

Vorwort

Gutes kann auch günstig sein.
Jetzt können Sie preiswerte und trotzdem schmackhafte
und abwechslungsreiche Gerichte für Ihre Familie zubereiten,
denn jede fertige Mahlzeit in diesem Buch kostet Sie nicht mehr als 8 € .

Wählen Sie aus einer Vielfalt von Rezeptideen aus Kapiteln wie Suppen und Eintöpfe,
Rezepte mit Fleisch und Wurst, mit Fisch oder mit Nudeln, Reis und Kartoffeln.
Bereiten Sie Gerichte aus dem Ofen zu oder begeistern Sie
Ihre Lieben mit vegetarischen Genüssen.
Die Auswahl an klassischen, raffinierten und schnellen Rezepten ist groß.

Und alle Gerichte sind von Dr. Oetker getestet und so beschrieben,
dass sie garantiert gelingen.

Abkürzungen

EL = Esslöffel
TL = Teelöffel
Msp. = Messerspitze
Pck. = Packung / Päckchen
g = Gramm
kg = Kilogramm
ml = Milliliter
l = Liter
evtl. = eventuell
geh. = gehäuft
gestr. = gestrichen
TK = Tiefkühlprodukt
°C = Grad Celsius
Ø = Durchmesser
E = Eiweiß
F = Fett
Kh = Kohlenhydrate
kcal = Kilokalorie
kJ = Kilojoule

Hinweise zu den Rezepten

Die Rezepte in diesem Buch sind – wenn nicht anders angegeben – für 4 Personen berechnet. Ein Gericht kostet pro Person durchschnittlich 2 €. Wie preisgünstig ein Gericht ist, ist abhängig von der Saison des Gemüses. Bereiten Sie deshalb am besten Gerichte mit Kohlgemüse in den Herbst- und Wintermonaten und Gerichte z. B. mit Paprika oder größeren Mengen an Tomaten eher in den Sommermonaten zu. TK-Gemüse ist eine gute und preiswerte Alternative in den Monaten, in denen das Gemüse keine Saison hat.
Nutzen Sie Sonderangebote von Fleisch, Geflügel und Fisch und frieren Sie es ein. Eingefroren ist es 4–6 Monate haltbar und immer günstig verfügbar, wenn Sie es benötigen.
Lesen Sie bitte vor der Zubereitung – besser noch vor dem Einkaufen – das Rezept einmal vollständig durch. Oft werden Arbeitsabläufe oder -zusammenhänge dann klarer.
Die in den Rezepten angegebenen Backtemperaturen und -zeiten sind Richtwerte, die je nach individueller Hitzeleistung des Backofens über- oder unterschritten werden können. Bitte beachten Sie deshalb bei der Einstellung des Backofens die Gebrauchsanweisung des Herstellers.

Zubereitungszeiten

Die Zubereitungszeit ist ein Anhaltswert für die Zeit für Vorbereitung und die eigentliche Zubereitung (inklusive Koch- und Backzeiten). Längere Wartezeiten wie z. B. Kühl- oder Einweichzeiten sind nicht einbezogen.

Kapitelübersicht

Kapitelübersicht

Bunter Paprika-Nudel-Eintopf

Zutaten

Für die Fleischklößchen:
1 Brötchen vom Vortag
400 g Gehacktes (halb Rind-, halb Schweinefleisch)
1 Ei (Größe M)
Salz
frisch gemahlener Pfeffer
Paprikapulver edelsüß

Für den Eintopf:
1 Bund Suppengrün (Möhren, Sellerie, Porree)
3 EL Speiseöl
je 1 rote, grüne und gelbe Paprikaschote
750 ml (¾ l) Fleischbrühe
200 g Hörnchennudeln
1 Dose geschälte Tomaten (Einwaage 400 g)

Zubereitungszeit:
35 Minuten

Pro Portion:
E: 37 g, F: 43 g, Kh: 46 g, kJ: 3202, kcal: 765

FÜR KINDER

1 Für die Fleischklößchen Brötchen in kaltem Wasser einweichen und anschließend gut ausdrücken. Gehacktes mit Brötchen und Ei vermengen und mit Salz, Pfeffer und Paprika würzen. Aus der Masse Klößchen formen.

2 Für den Eintopf Suppengrün putzen, waschen und klein schneiden. Öl in einem großen Topf erhitzen und das vorbereitete Gemüse darin andünsten. Paprikaschoten halbieren, entstielen, entkernen, die weißen Scheidewände entfernen, die Schoten waschen und in Stücke schneiden.

3 Paprikastücke zum Gemüse geben, Fleischbrühe dazugießen und bei schwacher Hitze etwa 5 Minuten köcheln lassen. Hörnchennudeln und Fleischklößchen in den Eintopf geben. Tomaten mit Hilfe eines scharfen Messers in der Dose etwas klein schneiden und mit dem Sud dazugeben. Alles zugedeckt bei schwacher Hitze in etwa 10 Minuten gar ziehen lassen.

4 Den Eintopf vor dem Servieren nochmals mit Salz und Pfeffer abschmecken.

Tipp: *Geht schnell und schmeckt auch lecker: statt Fleischklößchen etwa 400 g Fleischwurst in Scheiben schneiden und im Eintopf kurz erwärmen.*

Bunter Weißkohleintopf

Zutaten

(Foto)
1 kleiner Kopf Weißkohl (etwa 750 g)
2 Möhren, ½ Sellerieknolle
1 Stange Porree (Lauch)
750 g Kartoffeln, mehlig kochend
100 g geräucherter Speck
1 große Zwiebel
1 EL Butter oder Margarine
1 l heiße Gemüsebrühe
Salz, Pfeffer
gerebelter Majoran
4 Kohlwürstchen, geräuchert
frische Petersilie

Zubereitungszeit:
60 Minuten

Pro Portion:
E: 28 g, F: 51 g, Kh: 37 g, kJ: 3014, kcal: 719

1 Den Weißkohl putzen, vierteln, den Strunk herausschneiden, den Kohl waschen und in dünne Streifen schneiden oder hobeln. Möhren putzen, schälen, waschen und würfeln. Sellerie schälen, waschen und in feine Würfel schneiden. Porree putzen, längs halbieren, gründlich waschen und in Streifen schneiden. Kartoffeln waschen, schälen, abspülen und in Würfel schneiden.

2 Speck in Würfel schneiden. Die Zwiebel abziehen und fein würfeln. Speck in einem großen Topf mit Butter oder Margarine auslassen, die Zwiebelwürfel darin anbraten, das Gemüse hinzugeben und andünsten. Gemüsebrühe dazugießen und alles mit Salz, Pfeffer und Majoran würzen.

3 Die Kohlwürstchen mehrmals einstechen und auf das Gemüse legen. Den Eintopf zugedeckt bei mittlerer Hitze etwa 35 Minuten köcheln lassen, dabei gelegentlich umrühren. Den Eintopf vor dem Servieren nochmals mit Salz und Pfeffer abschmecken und mit gehackter Petersilie garniert servieren.

Tipp: *Statt mit Kohlwürstchen können Sie diesen herzhaften Eintopf auch mit einem Stück Kasseler Nacken garen.*

Feuriger Rosenkohltopf

Zutaten

1 kg junger Rosenkohl
1 mittelgroße Zwiebel
2 EL Butterschmalz
350 ml Fleischbrühe
1 Peperoni
1 große rote Paprikaschote
250 ml (¼ l) Tomatensaft
400 g Paprikakochwurst

1 Von dem Rosenkohl die äußeren Blättchen entfernen und etwas vom Strunk abschneiden. Röschen am Strunk kreuzförmig einschneiden, waschen und gut abtropfen lassen.

2 Zwiebel abziehen und fein würfeln. Butterschmalz in einem Topf erhitzen. Zwiebel darin glasig dünsten. Rosenkohl und Fleischbrühe hinzugeben und alles zugedeckt bei mittlerer Hitze in etwa 15 Minuten garen lassen.

(Fortsetzung Seite 12)

Salz
frisch gemahlener Pfeffer
Cayennepfeffer
Paprikapulver, edelsüß
150 g saure Sahne

Pro Portion:
E: 42 g, F: 45 g, Kh: 22 g, kJ: 2779, kcal: 664

Zubereitungszeit:
50 Minuten

GEFRIERGEEIGNET

3 Peperoni halbieren, entstielen, entkernen, waschen und würfeln. Paprika halbieren, entstielen, entkernen, die weißen Scheidewände entfernen, Schote waschen und würfeln. Peperoni- und Paprikawürfel zum Rosenkohl geben, Tomatensaft dazugießen, alles aufkochen lassen und zugedeckt weitere 10–15 Minuten garen.

4 Kochwurst in Scheiben schneiden, auf das Gemüse geben und alles nochmals kurz erhitzen. Den Eintopf mit Salz, Pfeffer, Cayennepfeffer und Paprika würzig abschmecken und die saure Sahne unterrühren.

Beilage: *Salzkartoffeln.*

Tipp: *Ist keine Rosenkohlsaison (Saison: Oktober bis Februar), so können Sie auch Rosenkohl aus der Tiefkühltruhe verwenden.*

Grüne Gemüsesuppe

Zutaten

1 Kohlrabi, 500 g Brokkoli
40 g Butter
750 ml (3/4 l) Gemüsebrühe
1 Dose grüne Brechbohnen (Abtropfgewicht 455 g)
2 ungebrühte Bratwürste
150 g TK-Erbsen
1 l Wasser
1 gestr. TL Salz
150 g Buchstabennudeln
2 EL gehackte Petersilie
Salz, Pfeffer

Zubereitungszeit:
35 Minuten

Pro Portion:
E: 25 g, F: 38 g, Kh: 40 g, kJ: 2525 kcal: 602

FÜR KINDER

1 Kohlrabi schälen, waschen und in kleine Stücke schneiden. Brokkoli putzen, in kleine Röschen teilen und waschen.

2 Butter in einem Suppentopf erhitzen. Vorbereitetes Gemüse kurz darin andünsten. Brühe dazugießen und alles etwa 10 Minuten garen lassen.

3 Brechbohnen abtropfen lassen. Bratwurstbrät aus der Hülle drücken und daraus kleine Klößchen formen. Brät, TK-Erbsen und Bohnen zum Gemüse geben. Alles aufkochen und bei schwacher Hitze weitere 5 Minuten garen lassen.

4 Wasser in einem großen, geschlossenen Topf zum Kochen bringen. Dann Salz und Nudeln zugeben. Die Nudeln im geöffneten Topf bei mittlerer Hitze nach Packungsanleitung bissfest kochen, dabei gelegentlich umrühren. Anschließend Nudeln in ein Sieb geben, mit heißem Wasser abspülen und abtropfen lassen.

5 Nudeln und Petersilie zuletzt in die Suppe geben und alles nochmals kurz erhitzen. Vor dem Servieren die Suppe mit Salz und Pfeffer abschmecken.

Spitzkohleintopf mit Fleischklößchen

Zutaten

1,2 kg Spitzkohl oder junger Weißkohl
750 g Kartoffeln
60 g Butter
500 ml (½ l) Gemüsebrühe
Salz
frisch gemahlener Pfeffer

Für die Fleischklößchen:
1 Brötchen vom Vortag
1 kleine Zwiebel
250 g Gehacktes (halb Rind-, halb Schweinefleisch)
1 Ei (Größe M)
Salz
frisch gemahlener Pfeffer

1 Dose geschälte Tomaten (Einwaage 400 g)

Zubereitungszeit:
50 Minuten

Pro Portion:
E: 25 g, F: 27 g, Kh: 49 g, kJ: 2278, kcal: 542

GUT VORZUBEREITEN

1 Kohl putzen, in feine Streifen schneiden, waschen und abtropfen lassen. Kartoffeln waschen, schälen, abspülen und in Würfel schneiden.

2 Butter in einem großen Topf zerlassen. Kohl, Kartoffeln und Brühe hinzufügen und mit Salz und Pfeffer würzen. Alles zum Kochen bringen und zugedeckt bei mittlerer Hitze in etwa 40 Minuten gar kochen lassen.

3 In der Zwischenzeit für die Fleischklößchen Brötchen in kaltem Wasser einweichen und anschließend gut ausdrücken. Zwiebel abziehen und würfeln. Gehacktes mit Brötchen, Zwiebelwürfeln und Ei vermengen und mit Salz und Pfeffer würzen.

4 Aus der Masse etwa 20 Klößchen formen und mit den Tomaten mit Tomatensud etwa 10 Minuten vor Ende der Kochzeit zu dem Kohl geben. Den Eintopf mit Salz und Pfeffer abschmecken.

Tipp: *Ein leckerer Eintopf, den Sie auch gut auf Vorrat kochen können, da er sich gut einfrieren lässt.*
Statt Fleischklößchen passt auch ein Stück (etwa 500 g) geräucherter Kasseler Nacken zum Kohl. Das Fleischstück dann gleich zu Beginn der Garzeit in der Brühe mitgaren lassen.

Kartoffel-Schmorgurken-Topf

Zutaten

500 g mehlig kochende Kartoffeln
1 Gemüsezwiebel
4 Schmorgurken (etwa 1 kg)
2 EL Speiseöl
750 ml (¾ l) Gemüsebrühe
Salz
frisch gemahlener Pfeffer
½ Bund frischer Dill
150 g gekochter Vorderschinken
2 hart gekochte Eier
200 g Schmand oder Crème fraîche

Zubereitungszeit:
30 Minuten

Pro Portion:
E: 17 g, F: 24 g, Kh: 24 g,
kJ: 1602, kcal: 382

SCHNELL ZUBEREITET

1 Kartoffeln waschen, schälen, abspülen und würfeln. Zwiebel abziehen und fein würfeln. Eine Gurke waschen, etwa 200 g davon abschneiden und beiseite legen. Übrige Gurken schälen, halbieren, Kerne mit einem Teelöffel herausschaben und Gurken würfeln.

2 Öl in einem großen Topf erhitzen und Kartoffeln, Zwiebeln und Schmorgurken darin andünsten. Brühe hinzugießen, alles mit Salz und Pfeffer würzen und zugedeckt bei schwacher Hitze etwa 20 Minuten köcheln lassen.

3 In der Zwischenzeit Dill abspülen, trockentupfen, die Spitzen von den Stängeln zupfen und fein hacken. Schinken in feine Würfel schneiden. Eier schälen und fein hacken.

4 Kartoffeln, Zwiebeln und Gurken in der Flüssigkeit fein pürieren. Suppe mit Salz und Pfeffer abschmecken. Das beiseite gelegte Gurkenstück auf einer Küchenreibe grob raspeln.

5 Suppe in tiefen Tellern anrichten. Schinken, Eiwürfel, Dill und Gurkenraspel darauf verteilen. Jeweils einen Klecks Schmand oder Crème fraîche darauf geben und die Suppe sofort servieren.

Beilage: *Servieren Sie diese leichte Sommersuppe mit knusprig geröstetem Fladenbrot.*

Herzhafter Lammeintopf mit Bohnen

Zutaten

750 g Lammfleisch (mit Knochen, aus der Schulter)
1 Zwiebel
2–3 Zweige Bohnenkraut
1 EL Speiseöl
gut 1 l Wasser
Salz
1 Lorbeerblatt
4 Pfefferkörner
1 kg grüne Bohnen
500 g vorwiegend fest kochende Kartoffeln
750 g Fleischtomaten
frisch gemahlener Pfeffer
1–2 EL gehackte Petersilie

Zubereitungszeit:
90 Minuten

Pro Portion:
E: 55 g, F: 37 g, Kh: 32 g,
kJ: 2877, kcal: 686

KLASSISCH

1 Fleisch unter fließendem kalten Wasser abspülen und trockentupfen. Zwiebel abziehen und würfeln. Bohnenkraut abspülen und trockentupfen. Öl in einem großen Suppentopf erhitzen. Fleisch darin rundherum kräftig anbraten.

2 Zwiebelwürfel dazugeben, glasig dünsten und das Wasser dazugießen. Salz, Bohnenkraut, Lorbeerblatt und Pfefferkörner hinzugeben, alles aufkochen lassen und zugedeckt bei mittlerer Hitze etwa 50 Minuten garen.

3 In der Zwischenzeit von den Bohnen die Enden abschneiden, evtl. Fäden abziehen. Bohnen abspülen und in kleine Stücke schneiden oder brechen. Kartoffeln waschen, schälen, abspülen und in Würfel schneiden. Bohnen und Kartoffeln in die Brühe geben. Alles wieder zum Kochen bringen und zugedeckt noch etwa 20 Minuten garen.

4 Tomaten kurz mit kochendem Wasser überbrühen, anschließend kalt abschrecken, enthäuten, halbieren und entkernen. Fruchtfleisch klein schneiden, in den Eintopf geben und weitere 10 Minuten köcheln lassen.

5 Bohnenkraut und Lorbeerblatt aus dem Eintopf entfernen. Fleisch herausnehmen und etwas abkühlen lassen. Fleisch vom Knochen lösen, würfeln und nochmals kurz im Eintopf erhitzen.

6 Den Eintopf mit Salz und Pfeffer abschmecken und mit Petersilie bestreut servieren.

Tipp: *Preiswert und in jeder Saison zu bekommen sind grüne TK-Bohnen (2 Päckchen je 300 g), die Sie anstelle der frischen Bohnen verwenden können.*
Würzig und preiswert lässt sich dieser Eintopf mit Schinkenknochen (etwa 2 mittelgroße Knochen) zubereiten. Die Knochen etwa 30 Minuten im Wasser auskochen, dann das Gemüse wie im Rezept beschrieben hinzugeben und in der Brühe garen.

Frühlingszwiebelsuppe mit Käseklößchen

Zutaten

Für die Klößchen:
1 Brötchen vom Vortag
100 g geriebener Käse
(z. B. Gouda, Emmentaler)
1 Ei (Größe M)
15 g Speisestärke
75 g Semmelbrösel
Salz
frisch gemahlener Pfeffer
geriebene Muskatnuss

Für die Suppe:
3 Bund Frühlingszwiebeln
1 EL Butterschmalz
1 EL Tomatenmark
1 EL Weizenmehl
750 ml ($^3/_4$ l) Gemüsebrühe
200 ml Schlagsahne
2 Tomaten

Zubereitungszeit:
60 Minuten, ohne Kühlzeit

Pro Portion:
E: 15 g, F: 31 g, Kh: 45 g,
kJ: 2166, kcal: 517

VEGETARISCH

1 Für die Klößchen Brötchen in kaltem Wasser einweichen. Brötchen gut ausdrücken und mit Käse, Ei, Speisestärke, Semmelbröseln, Salz, Pfeffer und Muskat gut verkneten. Aus der Masse kleine Klößchen formen und diese etwa 2 Stunden kalt stellen.

2 Für die Suppe Frühlingszwiebeln putzen, abspülen, abtropfen lassen und in Ringe schneiden. Butterschmalz in einem Topf erhitzen und Frühlingszwiebeln darin glasig dünsten. Tomatenmark hinzugeben und kurz mit andünsten.

3 Mehl darüber stäuben und unter Rühren so lange erhitzen, bis das Mehl goldgelb ist. Brühe und Sahne mit einem Schneebesen unterrühren. Alles aufkochen lassen und bei schwacher Hitze etwa 15 Minuten köcheln lassen.

4 In der Zwischenzeit reichlich Salzwasser in einem weiten Topf aufkochen lassen, Klößchen darin bei schwacher Hitze etwa 5 Minuten gar ziehen lassen, bis sie an die Oberfläche steigen. Gare Klößchen mit einer Schöpfkelle herausnehmen und abtropfen lassen.

5 Tomaten waschen, abtrocknen, halbieren und Stängelansätze herausschneiden. Tomaten entkernen und fein würfeln. Suppe mit Salz, Pfeffer und Muskat abschmecken. Klößchen dazugeben und kurz erhitzen.

6 Suppe in tiefen Tellern anrichten und Tomatenwürfel darüber streuen.

Tipp: *Statt mit Frühlingszwiebeln können Sie diese Suppe auch mit 1 kg frischem oder 750 g tiefgekühltem Porree (Lauch) zubereiten.*

Putenschnitzel mit Zitronencremesauce

Zutaten
2 kleine Zucchini
4 Möhren
1 kleine Dose Champignons (Abtropfgewicht 290 g)
2 EL Speiseöl
Salz
frisch gemahlener Pfeffer
8 kleine Putenschnitzel (je etwa 75 g)
100 ml Schlagsahne
200 ml Gemüsebrühe
Saft und etwas Schale von ½ unbehandelten Zitrone
1–2 EL heller Saucenbinder
1 Dose Mandarinen (Abtropfgewicht 315 g)
evtl. glatte Petersilie

Zubereitungszeit:
30 Minuten

Pro Portion:
E: 39 g, F: 15 g, Kh: 23 g,
kJ: 1639, kcal: 392

RAFFINIERT

1 Zucchini waschen, abtrocknen und die Enden abschneiden. Möhren putzen, schälen und waschen. Champignons in einem Sieb abtropfen lassen. Das Gemüse in dünne Scheiben schneiden. Die Hälfte des Öls in einer Pfanne erhitzen. Die Gemüsescheiben darin etwa 5 Minuten andünsten, mit Salz und Pfeffer würzen und beiseite stellen.

2 Putenschnitzel unter fließendem kalten Wasser abspülen und trockentupfen. Das restliche Öl zum verbliebenen Bratfett geben und erhitzen. Die Putenschnitzel darin 2–3 Minuten von jeder Seite braten und mit Salz und Pfeffer würzen. Das Fleisch dann aus der Pfanne nehmen und warm stellen.

3 Den Bratensatz mit Sahne und Brühe ablöschen und mit Salz, Pfeffer und Zitronensaft und -schale abschmecken. Den Saucenbinder einrühren.

4 Mandarinen in einem Sieb abtropfen lassen, zu dem Gemüse geben und alles nochmals kurz erwärmen. Das Gemüse mit den Schnitzeln auf Tellern anrichten und die Zitronensauce darüber geben. Evtl. mit Petersilie garnieren.

Beilage: *Butterreis.*

Würziges Paprikagulasch

Zutaten

600 g Schweinegulasch
1 Gemüsezwiebel
2 Knoblauchzehen
3 EL Speiseöl
Salz
frisch gemahlener Pfeffer
Paprikapulver edelsüß
Cayennepfeffer
2 Fleischtomaten
250 ml (¼ l) Wasser
2 kleine rote, grüne oder gelbe Paprikaschoten
2 Zucchini
1 Becher (150 g) Crème fraîche

Zubereitungszeit:
80 Minuten

Pro Portion:
E: 37 g, F: 33 g, Kh: 15 g, kJ: 2130, kcal: 510

GEFRIERGEEIGNET

1 Gulasch trockentupfen, große Fleischwürfel evtl. nochmals durchschneiden. Gemüsezwiebel abziehen, halbieren und in Streifen schneiden. Knoblauch abziehen und fein würfeln. Öl in einem großen Topf erhitzen, die Gulaschwürfel von allen Seiten kräftig anbraten und mit Salz, Pfeffer, Paprikapulver und Cayennepfeffer bestreuen. Zwiebelstreifen und Knoblauchwürfel zu dem Fleisch geben und mit andünsten.

2 Tomaten waschen, kreuzweise einschneiden und kurz in kochendes Wasser legen. Tomaten kalt abschrecken, enthäuten, die Stängelansätze entfernen, die Tomaten nach Belieben entkernen und in Stücke schneiden. Wasser und Tomaten zum Fleisch geben und alles bei mittlerer Hitze zugedeckt etwa 45 Minuten schmoren lassen. Evtl. noch etwas Wasser nachgießen.

3 Paprikaschoten halbieren, entstielen, entkernen, die weißen Scheidewände entfernen, die Schoten waschen und in Streifen schneiden. Zucchini waschen, die Enden abschneiden und Zucchini in Scheiben schneiden.

4 Paprika und Zucchini zum Fleisch geben und alles noch etwa 15 Minuten schmoren lassen. Das Gulasch mit den Gewürzen kräftig abschmecken und mit Crème fraîche verfeinern.

Beilage: *Nudeln oder Fladenbrot.*

Tipp: *Statt fertig geschnittenes Gulaschfleisch können Sie auch ein Stück (800 g) mageren Schweinenacken mit Knochen kaufen, den es häufiger im Angebot gibt. Den Knochen hier herauslösen und das Fleisch in grobe Würfel schneiden, dann wie Gulaschfleisch verwenden.*

Hackbraten mit Püree und Porreegemüse

Zutaten

1 Zwiebel
500 g Gehacktes (halb Rind-, halb Schweinefleisch)
150 g Magerquark
1 Ei (Größe M)
2 EL Tomatenmark
1 TL mittelscharfer Senf
1 TL Paprikapulver edelsüß
Salz
frisch gemahlener Pfeffer
2 EL Semmelbrösel
300 ml Gemüsebrühe
3 Stange Porree (Lauch)
1 EL Butter
100 ml Schlagsahne
1 Pck. Kartoffelpüree (für 3 Portionen)
375 ml (3/8 l) Wasser
125 ml (1/8 l) Milch

Zubereitungszeit:
75 Minuten

Pro Portion:
E: 45 g, F: 35 g, Kh: 42 g,
kj: 2781, kcal: 664

BELIEBT

1 Zwiebel abziehen und fein würfeln. Gehacktes mit Zwiebelwürfeln, Quark, Ei, 1 Esslöffel von dem Tomatenmark, Senf, Paprikapulver, Salz und Pfeffer verkneten.

2 Semmelbrösel auf die Arbeitsfläche streuen, die Fleischmasse darauf geben, zu einem länglichen Stück formen und in eine gefettete, hitzebeständige Form geben. Die Form ohne Deckel auf dem Rost in den Backofen schieben.

Ober-/Unterhitze: etwa 200 °C (vorgeheizt)
Heißluft: etwa 180 °C (vorgeheizt)
Gas: Stufe 3–4 (vorgeheizt)
Garzeit: etwa 30 Minuten.

3 Übriges Tomatenmark und Gemüsebrühe mischen, in die Form gießen und den Braten **bei der oben angegebenen Backofeneinstellung in etwa 20 Minuten** fertig garen.

4 Porree putzen, gründlich abspülen und in Ringe schneiden. Butter in einem Topf erhitzen, Porree darin andünsten und mit Salz und Pfeffer würzen. Sahne dazugießen und alles etwa 5 Minuten garen. Das Püree nach Packungsanleitung mit Wasser und Milch zubereiten.

5 Hackbraten aus der Form nehmen, in Scheiben schneiden und warm stellen. Die Sauce durch ein Sieb passieren, abschmecken und zum Fleisch reichen. Den Hackbraten mit Püree und Porreegemüse anrichten.

Abwandlung: *Für einen Hackbraten mit Schafkäse die wie in Punkt 1 vorbereitete Fleischmasse zu einem Rechteck auf den Semmelbröseln flach drücken. 100 g Schafkäse würfeln, längs auf der Mitte verteilen, die Fleischmasse darüber schlagen, zusammendrücken und zu einem länglichen Stück formen. Das Fleischstück mit der Nahtstelle nach unten in die gefettete Form geben und wie im Rezept angegeben weiter zubereiten.*

Fleischwurst-Gyros mit Krautsalat

Zutaten

Für den Krautsalat:
500 g Weißkohl
2 schwach geh. TL Salz
2 kleine Zwiebeln
2 EL Weinessig
Salz
1 Prise Zucker
frisch gemahlener Pfeffer
3 EL Speiseöl

Für das Gyros:
1 mittelgroße Zwiebel
1 Knoblauchzehe
600 g Fleischwurst am Stück
2 EL Speiseöl
2 gestr. TL Gyros-Gewürz
2 EL gehackte Petersilie

Zubereitungszeit:
25 Minuten, ohne Durchziehzeit

Pro Portion:
E: 23 g, F: 50 g, Kh: 8 g, kJ: 2374; kcal: 567

GUT VORZUBEREITEN

1 Für den Krautsalat Weißkohl putzen, vierteln, den Strunk herausschneiden, den Kohl waschen, abtropfen lassen und in feine Streifen schneiden oder hobeln. Die Kohlstreifen mit dem Salz gut verkneten und etwa 1 Stunde stehen lassen. Dann die entstandene Flüssigkeit abgießen.

2 In der Zwischenzeit Zwiebeln abziehen und fein würfeln. Essig mit Salz, Zucker und Pfeffer verrühren. Öl unterschlagen und Zwiebelwürfel unterrühren. Den Weißkohl mit der Sauce vermengen und den Salat gut durchziehen lassen.

3 Für das Gyros Zwiebel und Knoblauch abziehen. Zwiebel erst in Scheiben schneiden, dann in Ringe teilen. Knoblauch fein würfeln. Fleischwurst erst in dicke Scheiben, dann in Streifen schneiden.

4 Öl in einer Pfanne erhitzen. Die Wurststreifen darin rundherum anbraten und aus der Pfanne nehmen. Zwiebelringe in dem verbliebenen Bratfett andünsten. Knoblauch, Wurststreifen und Gyros-Gewürz hinzufügen und alles unter gelegentlichem Rühren weitere 2–3 Minuten braten.

5 Das Gyros evtl. mit Pfeffer abschmecken und Petersilie unterrühren. Das Gyros mit dem Krautsalat servieren.

Beilage: *Fladenbrot und Kräuterquark.*

Exotischer Puten-Reis-Auflauf

Zutaten

400 g Putenbrust
1 EL Speiseöl
Salz
frisch gemahlener Pfeffer
Currypulver
1 kg Brokkoli
500 ml (½ l) Gemüsebrühe
200 g Langkornreis
1 kleine Dose Aprikosenhälften (Abtropfgewicht 250 g)
1 EL Weizenmehl
100 ml Schlagsahne
100 g geriebener Käse (z. B. Gouda)

Zubereitungszeit:
65 Minuten

Pro Portion:
E: 41 g, F: 19 g, Kh: 57 g, kJ: 2373, kcal: 567

RAFFINIERT

1 Fleisch unter fließendem kalten Wasser abspülen, trockentupfen und in Streifen schneiden. Öl in einer Pfanne erhitzen, Fleischstreifen darin rundherum anbraten, mit Salz, Pfeffer und Curry würzen und beiseite stellen.

2 Brokkoli putzen, die Röschen vom Strunk schneiden, den Strunk schälen und in Stücke schneiden. Brokkolistücke und -röschen waschen, abtropfen lassen und in der Gemüsebrühe etwa 5 Minuten garen. Brokkoli anschließend in einem Sieb abtropfen lassen, dabei die Kochflüssigkeit auffangen.

3 Reis in kochendem Salzwasser etwa 8 Minuten vorgaren, in ein Sieb geben und abtropfen lassen. Aprikosenhälften ebenfalls in einem Sieb abtropfen lassen, dabei den Saft auffangen. Die Aprikosenhälften halbieren.

4 Aprikosensaft (etwa 150 ml) und Brokkolikochflüssigkeit (etwa 400 ml) ins Bratfett gießen und aufkochen lassen. Mehl mit Sahne verrühren, unter Rühren hinzugießen und alles etwa 2 Minuten köcheln lassen. Sauce mit Salz, Pfeffer und Curry abschmecken und die Hälfte des Käses unterrühren.

5 Vorbereitete Zutaten in eine große, flache, gefettete Auflaufform geben. Die Sauce darüber gießen und den restlichen Käse darüber streuen. Die Form ohne Deckel auf dem Rost in den Backofen schieben.

Ober-/Unterhitze: 180–200 °C (vorgeheizt)
Heißluft: 160–180 °C (vorgeheizt)
Gas: etwa Stufe 3 (vorgeheizt)
Garzeit: etwa 30 Minuten.

Minutensteaks „Hawaii“ mit Schnittlauch-Kartoffel-Salat

Zutaten

4 TK-Minutensteaks (je etwa 150 g; vom Rind oder Schwein)
1 kg vorwiegend fest kochende Kartoffeln
Salz
2 Zwiebeln
6 EL Speiseöl
150 ml Gemüsebrühe
6 EL Essig
1 TL mittelscharfer Senf
frisch gemahlener Pfeffer
4 EL Ananas in Stücken (aus der Dose)
2 Scheiben gekochter Vorderschinken
6 EL geriebener Käse (z. B. Gouda, Emmentaler)
1–2 Bund Schnittlauch

Außerdem:
Holzspieße

Zubereitungszeit:
50 Minuten, ohne Auftauzeit

Pro Portion:
E: 44 g, F: 28 g, Kh: 43 g, kJ: 2542, kcal: 606

FÜR GÄSTE – BELIEBT

1 Steaks auftauen lassen. Kartoffeln gründlich waschen und in Salzwasser etwa 25 Minuten gar kochen lassen.

2 In der Zwischenzeit Zwiebeln abziehen und würfeln. 4 Esslöffel von dem Öl erhitzen und die Zwiebeln darin glasig dünsten. Brühe und Essig dazugießen und Senf einrühren.

3 Kartoffeln abgießen, abdämpfen lassen und pellen. Kartoffeln in Scheiben schneiden und noch heiß mit der Zwiebelmarinade mischen. Salat mit Salz und Pfeffer würzen und abkühlen lassen.

4 In die aufgetauten Steaks jeweils seitlich eine tiefe Tasche schneiden und das Fleisch flach klopfen. Ananas abtropfen lassen. Schinkenscheiben halbieren. Steaks mit jeweils einer halben Schinkenscheibe, einigen Stückchen Ananas und etwas Käse füllen und die Taschen mit Holzspießen zustecken.

5 Schnittlauch abspülen, abtropfen lassen und in feine Röllchen schneiden. Kartoffelsalat nochmals mit Salz und Pfeffer abschmecken und evtl. noch etwas Gemüsebrühe hinzugeben. Schnittlauch unterheben.

6 Übriges Öl in einer Pfanne erhitzen, Steaks darin von jeder Seite etwa 3 Minuten braten und mit Salz und Pfeffer würzen. Steaks mit Kartoffelsalat auf Tellern anrichten.

Tipp: *Auf die gleiche Art lassen sich auch zarte Hähnchenfilets oder dünne Putenschnitzel füllen und braten. TK-Rindersteaks sind preisgünstiger als frische Rindersteaks.*

Holländische Pfannkuchentäschchen

Zutaten

Für die Pfannkuchen:
250 g Weizenmehl
250 ml (¼ l) Milch
250 ml (¼ l) Wasser
3 Eier (Größe M)
Salz
60–80 g Butter

Für die Füllung:
150 g Kümmelkäse
150 g gekochter Vorderschinken
je 1 rote und grüne Paprikaschote
1 Stange Porree (Lauch)
1 EL Speiseöl

Zubereitungszeit:
80 Minuten

Pro Portion:
E: 35 g, F: 37 g, Kh: 53 g,
kJ: 2864, kcal: 684

FÜR GÄSTE – RAFFINIERT

1 Für die Pfannkuchen Mehl mit Milch, Wasser, Eiern und Salz in eine Rührschüssel geben, mit einem Schneebesen zu einem glatten Teig verquirlen und etwa 10 Minuten quellen lassen. Butter portionsweise in einer Pfanne erhitzen und nacheinander 12 große, dünne Pfannkuchen backen.

2 Für die Füllung Kümmelkäse und Schinken fein würfeln. Paprikaschoten halbieren, entstielen, entkernen, die weißen Scheidewände entfernen, Schoten waschen und ebenfalls würfeln.

3 Porree putzen und waschen, 4–5 Blätter einzeln ablösen, in kochendem Wasser 1 Minute blanchieren, kalt abschrecken, in lange, etwa 1–1,5 cm breite Streifen schneiden und beiseite legen.

4 Übrigen Porree in feine Ringe schneiden, mit den Paprikawürfeln im heißen Öl etwa 1 Minute andünsten und abkühlen lassen. Porree und Paprika mit Schinken und Käsewürfeln mischen.

5 In die Mitte jedes Pfannkuchens etwa 2 Esslöffel der Mischung füllen und die Pfannkuchen mit den Porreestreifen zu Täschchen zusammenbinden. Täschchen auf ein mit Backpapier belegtes Backblech setzen und das Backblech in den Backofen schieben.

Ober-/Unterhitze: etwa 200 °C (vorgeheizt)
Heißluft: etwa 180 °C (vorgeheizt)
Gas: Stufe 3–4 (vorgeheizt)
Backzeit: 10–15 Minuten.

Tipp: *Sie können die Füllung auch einfach auf den Pfannkuchen verteilen und und diese aufrollen.*
Statt gekochtem Vorderschinken schmecken auch Bratenreste, z. B. vom Sonntagsbraten.

Zwiebelkoteletts mit Senfcreme

Zutaten

4 Schweinekoteletts
(je etwa 150 g)
Salz
frisch gemahlener Pfeffer
4 EL Speiseöl
1 EL mittescharfer Senf
4–6 Zwiebeln
1 Knoblauchzehe
1 rote Paprikaschote

Für die Senfcreme:
1 Becher (150 g) Crème fraîche
1 ½ TL scharfer Senf
Salz
frisch gemahlener Pfeffer

Außerdem:
½ Bund Petersilie

Zubereitungszeit:
45 Minuten

Pro Portion:
E: 35 g, F: 20 g, Kh: 6 g, kJ: 1434, kcal: 343

RAFFINIERT

1 Fleisch unter fließendem kalten Wasser abspülen, trockentupfen und mit Salz und Pfeffer bestreuen. 2 Esslöffel von dem Öl in einer beschichteten Pfanne erhitzen. Koteletts darin von beiden Seiten etwa 2 Minuten gut anbraten.

2 Koteletts herausnehmen, dünn mit Senf bestreichen und in einen Bräter oder eine Auflaufform geben. Zwiebeln und Knoblauchzehe abziehen und in Ringe bzw. Scheiben schneiden. Übriges Öl ins Bratfett geben, Zwiebeln und Knoblauch darin glasig dünsten und mit Salz und Pfeffer würzen.

3 Paprikaschote halbieren, entstielen, entkernen und die weißen Scheidewände entfernen. Schote abspülen, in Streifen schneiden und auf dem Fleisch verteilen. Zwiebeln darauf schichten. Den Bräter oder die Form ohne Deckel auf dem Rost in den Backofen schieben.

Ober-/Unterhitze: 180–200 °C (vorgeheizt)
Heißluft: 160–180 °C (vorgeheizt)
Gas: etwa Stufe 3 (vorgeheizt)
Bratzeit: 25–30 Minuten.

4 Für die Senfcreme Crème fraîche mit Senf verrühren und mit Salz und Pfeffer abschmecken. Petersilie abspülen, trockentupfen, Blättchen von den Stängeln zupfen und fein hacken.

5 Petersilie vor dem Servieren über die Zwiebeln streuen und die Senfcreme zu den Koteletts reichen.

Beilage: *Pellkartoffeln.*

Putengeschnetzeltes mit Kräuterfrischkäse

Zutaten

(Foto)
400 g Putenbrust im Stück
1 große Dose Champignons in Scheiben (Abtropfgewicht 460 g)
1 Zwiebel, 1 EL Speiseöl
Salz, Pfeffer
350 ml Hühnerbrühe
200 g Kräuterfrischkäse
1 EL Currypulver

Zubereitungszeit:
30 Minuten

Pro Portion:
E: 37 g, F: 16 g, Kh: 4 g, kJ: 1278, kcal: 306

1 Fleisch unter fließendem kalten Wasser abspülen, trockentupfen und in Streifen schneiden. Champignons in einem Sieb abtropfen lassen. Zwiebel abziehen und würfeln.

2 Öl in einer großen Pfanne erhitzen, die Fleischstreifen portionsweise darin anbraten und mit Salz und Pfeffer bestreuen. Zwiebel hinzufügen und andünsten.

3 Brühe hinzugießen und aufkochen lassen. Champignons und Kräuterfrischkäse unterrühren und alles nochmals kurz erhitzen. Das Geschnetzelte vor dem Servieren mit Salz, Pfeffer und Curry abschmecken.

Beilage: *Bandnudeln oder Reis und grüner Salat.*

Frikadellen mit Schafkäse

Zutaten

Für den Paprikareis:
3 rote Paprikaschoten
1 mittelgroße Zwiebel
1 Knoblauchzehe
1 EL Speiseöl
250 g Langkornreis
1 EL Paprikapulver, edelsüß
frisch gemahlener Pfeffer
500 ml (½ l) Gemüsebrühe

1 Für den Paprikareis Paprikaschoten halbieren, entstielen, entkernen, die weißen Scheidewände entfernen, die Schoten waschen und klein schneiden. Zwiebel und Knoblauch abziehen und fein würfeln. Öl erhitzen, Zwiebel- und Knoblauchwürfel darin glasig dünsten.

2 Reis hinzufügen, unter Rühren kurz andünsten und mit Paprika und Pfeffer würzen. Brühe dazugießen und kurz aufkochen lassen. Alles bei schwacher Hitze in etwa 15 Minuten ausquellen lassen. Paprikastücke nach 5 Minuten Garzeit unter den Reis mischen und alles fertig garen.

(Fortsetzung Seite 40)

Für die Frikadellen:
1 Brötchen vom Vortag
600 g Gehacktes (halb Rind-, halb Schweinefleisch)
1 Ei (Größe M)
Salz, Pfeffer
1 TL gerebelter Thymian
150 g Schafkäse
1 EL Speiseöl

Zubereitungszeit:
40 Minuten

Pro Portion:
E: 49 g, F: 41 g, Kh: 68 g, kJ: 3529, kcal: 842

FÜR KINDER

3 Für die Frikadellen Brötchen in warmem Wasser einweichen, anschließend ausdrücken, mit Gehacktem und Ei gut verkneten und mit Salz, Pfeffer und Thymian würzen. Hackfleischteig in etwa 8 Portionen teilen. Schafkäse in 8 gleich große Würfel schneiden.

4 Aus dem Hackfleischteig flache Fladen formen, jeweils ein Stück Käse darauf geben und mit dem Hackfleischteig umschließen.

5 Öl in einer Pfanne erhitzen und die Frikadellen von jeder Seite etwa 5 Minuten darin braten. Reis nochmals mit Salz und Pfeffer abschmecken und die Frikadellen zum Reis servieren.

Tipp: *Gehacktes gibt es oft günstig im Angebot. Kaufen Sie gleich eine größere Portion ein, bereiten Sie diese leckeren Frikadellen zu und frieren Sie sie fix und fertig ein.*
Servieren Sie dazu Fladenbrot und einen Tomatensalat.

Bayerische Würstelpfanne

Zutaten
600 g gekochte Pellkartoffeln, 3 Zwiebeln
4 Wiener Würstchen
3 Gewürzgurken
40 g Butter, 2 EL Speiseöl
Salz, Pfeffer
1 TL Majoran, frisch oder gerebelt
4 Eier (Größe M)
1–2 EL Schnittlauchröllchen

Zubereitungszeit:
25 Minuten

Pro Portion:
E: 26 g, F: 48 g, Kh: 24 g, kJ: 2635, kcal: 629

BELIEBT

1 Pellkartoffeln pellen und würfeln. Zwiebeln abziehen und ebenfalls würfeln. Würstchen in Scheiben schneiden. Gewürzgurken in Würfel schneiden.

2 Gut die Hälfte der Butter und das Öl in einer Pfanne erhitzen und die Kartoffelwürfel darin anbraten. Sobald die Kartoffelwürfel Farbe bekommen haben, Zwiebelwürfel, Würstchenscheiben und Gurkenwürfel hinzugeben und alles etwa 10 Minuten unter gelegentlichem Wenden mitbraten. Die Zutaten mit Salz, Pfeffer und Majoran würzen.

3 Übrige Butter in einer Pfanne erhitzen, Eier aufschlagen, darin braten und nach Belieben salzen. Die Würstelpfanne vor dem Servieren mit den Spiegeleiern belegen und mit Schnittlauchröllchen bestreuen.

Tipp: *Statt Wiener Würstchen können Sie auch in Streifen geschnittenen Leberkäse verwenden.*

Herzhaftes Linsengemüse

Zutaten

Zum Vorbereiten:
200 g getrocknete Tellerlinsen

75 g magerer Speck
1 Bund Suppengrün, (Möhren, Sellerie, Porree)
3 Zwiebeln
1 Knoblauchzehe
3 EL Speiseöl
750 ml (3/4 l) Fleischbrühe
Salz
frisch gemahlener Pfeffer
1 Prise Zucker
etwas Essig
400 g Leberkäse
2 Tomaten
2 EL gehackte Petersilie

Zubereitungszeit:
50 Minuten, ohne Einweichzeit

Pro Portion:
E: 64 g, F: 55 g, Kh: 53 g, kJ: 4032, kcal: 964

GUT VORZUBEREITEN

1 Zum Vorbereiten Linsen in Wasser etwa 2 Stunden einweichen.

2 Speck in Würfel schneiden. Suppengrün putzen, waschen und sehr klein schneiden. Zwiebeln und Knoblauch abziehen und würfeln. Öl in einer großen Pfanne erhitzen. Speckwürfel darin auslassen. Zwiebeln, Knoblauch, die gut abgetropften Linsen und das klein geschnittene Suppengrün hinzufügen und alles unter Rühren andünsten.

3 Brühe hinzufügen, alles aufkochen lassen und zugedeckt 25–30 Minuten garen. Anschließend mit Salz, Pfeffer, Zucker und Essig abschmecken.

4 Leberkäse in Würfel schneiden. Tomaten waschen, abtropfen lassen, halbieren, die Stängelansätze herausschneiden und die Tomaten in schmale Spalten schneiden. Leberkäse und Tomaten zu den Linsen geben, kurz mit erhitzen und nochmals abschmecken.

5 Das Linsengemüse auf Tellern anrichten und mit Petersilie bestreut servieren.

Beilage: *Gekochte kleine Kartoffeln.*

Tipp: *Schnell, preiswert und ganz unkompliziert gelingt dieses Gericht auch mit einer Dose Linsen (Einwaage 800 g) und in Scheiben geschnittener Bockwurst.*

Hackfleischspieße mit Joghurtsauce

Zutaten

Für die Spieße:
1 Zwiebel
2 Knoblauchzehen
1 Bund glatte Petersilie
600 g Gehacktes (halb Rind-, halb Schweinefleisch)
1 TL mittelscharfer Senf
Salz
frisch gemahlener Pfeffer

Außerdem:
Metall- oder Holzspieße

Für die Joghurtsauce:
1 Knoblauchzehe
500 g Naturjoghurt
2 EL fein gehackter Dill (frisch oder TK)

Zubereitungszeit:
35 Minuten

Pro Portion:
E: 37 g, F: 29 g, Kh: 13 g,
kJ: 1946, kcal: 465

FÜR GÄSTE

1 Für die Spieße Zwiebel abziehen und fein würfeln. Knoblauch abziehen und durch die Knoblauchpresse drücken. Petersilie abspülen, trockentupfen, die Blättchen von den Stängeln zupfen und fein hacken.

2 Gehacktes mit Zwiebelwürfeln, Knoblauch, Petersilie, Senf, Salz und Pfeffer gut verkneten. Aus der Hackfleischmasse mit nassen Händen 2–3 cm dicke Röllchen formen und vorsichtig auf Grillspieße stecken.

3 Die Hackfleischspieße auf den mit Alufolie belegten Rost unter den vorgeheizten Backofengrill legen und in etwa 10 Minuten von beiden Seiten knusprig braun grillen.

4 In der Zwischenzeit für die Joghurtsauce Knoblauch abziehen, durch die Knoblauchpresse drücken und mit Joghurt, Salz, Pfeffer und Dill verrühren. Die Sauce zu den Spießen servieren.

Beilage: *Fladenbrot und Tomatensalat.*

Tipp: *Im Sommer können Sie die Hackfleischspieße auch auf dem Holzkohlengrill zubereiten.*
Die Spieße können auch in 3 Esslöffeln erhitztem Speiseöl in der Pfanne gebraten werden.

Abwandlung: *Nach Belieben zusätzlich geraspelte Salatgurke unter die Joghurtsauce rühren.*

Brathähnchen auf texanische Art

Zutaten

1 Brathähnchen (frisch oder TK; etwa 1 kg)
Salz
frisch gemahlener Pfeffer
3 EL Speiseöl
200 g Gehacktes (halb Rind-, halb Schweinefleisch)
2 Zwiebeln
1 Knoblauchzehe
gerebelter Thymian
50 g Tomatenmark
375 ml (3/8 l) Fleischbrühe
1 Dose Gemüsemais (Abtropfgewicht 285 g)
300 g TK-Erbsen
Cayennepfeffer
gemahlener Zimt
einige Basilikumblätter
2 EL gehackte Petersilie

Zubereitungszeit:
90 Minuten, ohne Auftauzeit

Pro Portion:
E: 89 g, F: 57 g, Kh: 26 g, kJ: 3039, kcal: 933

FÜR GÄSTE – RAFFINIERT

1 Hähnchen evtl. auftauen lassen, innen und außen unter fließendem kalten Wasser abspülen, trockentupfen, in 8 Stücke teilen und mit Salz und Pfeffer würzen. Öl in einem Bräter erhitzen, Hähnchenteile darin kräftig anbraten und herausnehmen.

2 Gehacktes in dem Bratfett krümelig braten, dabei mit einem Kochlöffel zerdrücken. Zwiebeln abziehen und würfeln. Knoblauch abziehen und zerdrücken. Beide Zutaten zum Gehackten geben, kurz mit anbraten und mit Salz, Pfeffer und Thymian würzen.

3 Tomatenmark und Fleischbrühe hinzugeben und verrühren. Hähnchenteile auf das Hackfleisch in den Bräter legen und alles auf dem Rost in den Backofen schieben.

Ober-/Unterhitze: etwa 200 °C (vorgeheizt)
Heißluft: etwa 180 °C (nicht vorgeheizt)
Gas: Stufe 3–4 (nicht vorgeheizt)
Garzeit: etwa 45 Minuten.

4 Mais in einem Sieb abtropfen lassen. Hähnchen aus dem Bräter nehmen und kurz warm stellen. Mais und Erbsen unter das Hackfleisch mischen und nochmals mit Salz, Pfeffer, Cayennepfeffer und einer Prise Zimt abschmecken.

5 Hähnchenteile wieder darauf legen, Bräter wieder auf dem Rost in den Backofen schieben und alles **bei der oben angegebenen Backofeneinstellung in etwa 15 Minuten** fertig garen.

6 Hähnchen und Sauce mit Basilikum und Petersilie bestreuen und servieren.

Beilage: *Körnig gekochter Reis.*

Lachsfilet in Meerrettichsauce

Zutaten

4 TK-Lachsfilets ohne Haut (je etwa 125 g)
250 ml (1/4 l) Wasser
1 Lorbeerblatt
2 Pimentkörner (Nelkenpfeffer)
Saft und etwas abgeschälte Schale von 1/2 unbehandelten Zitrone
Salz
2 Pfefferkörner
1 kleine Zwiebel
40 g Butter
30 g Weizenmehl
375 ml (3/8 l) Milch
frisch gemahlener Pfeffer
1 Glas Schwarzwurzeln in Stücken (Abtropfgewicht 320 g)
10 g Butter
geriebene Muskatnuss
2 EL gehackte Petersilie
2–3 EL geriebener Meerrettich (aus dem Glas)

Zubereitungszeit:
25 Minuten, ohne Auftauzeit

Pro Portion:
E: 28 g, F: 22 g, Kh: 13 g,
kJ: 1522, kcal: 364

FÜR GÄSTE – KLASSISCH

1 Filets nach Packungsanleitung auftauen lassen. In einer großen Pfanne Wasser mit Lorbeerblatt, Pimentkörnern, Zitronensaft und -schale, 1/2 Teelöffel Salz und Pfefferkörnern aufkochen lassen. Lachsfilets unter fließendem kalten abspülen, in den Fond geben und zugedeckt bei schwacher Hitze 5–8 Minuten garen.

2 In der Zwischenzeit Zwiebel abziehen und fein würfeln. Butter in einem Topf zerlassen und die Zwiebelwürfel darin glasig dünsten. Mehl darüber stäuben und goldgelb rösten. Unter Rühren Milch und gut 200 ml von dem Fischfond (am besten mit einer kleinen Saucenkelle vorsichtig abschöpfen) dazugießen. Sauce mit Salz und Pfeffer würzen und bei schwacher Hitze unter Rühren etwa 2 Minuten köcheln lassen.

3 Schwarzwurzeln in einem Sieb abtropfen lassen. Butter in einem Topf erhitzen, Schwarzwurzeln darin erhitzen und mit Salz, Pfeffer und Muskat würzen. Petersilie darüber streuen.

4 Die Sauce mit Meerrettich abschmecken, evtl. noch etwas Fischfond dazugeben. Lachsfilets abtropfen lassen, auf einer vorgewärmten Platte anrichten und mit Meerrettichsauce und Schwarzwurzelgemüse servieren.

Beilage: *Butterkartoffeln.*

Bunter Tunfisch-Nudel-Salat

Zutaten

3 l Wasser
3 gestr. TL Salz
300 g Nudeln
(z. B. Spirelli, Penne)
Salz

Für die Sauce:
1 Knoblauchzehe
3 EL Weinessig
1 Prise Zucker
frisch gemahlener Pfeffer
1 TL milder Senf
2 EL Speiseöl

1 Dose Tunfisch in Öl
(Abtropfgewicht 135 g)
1 Dose gemischtes Gemüse
(Erbsen, Möhren, Mais,
Abtropfgewicht 280 g)
1 rote Paprikaschote
2 Frühlingszwiebeln
200 g Naturjoghurt
evtl. 2–3 EL heiße Gemüsebrühe

Zubereitungszeit:
20 Minuten, ohne Durchziehzeit

Pro Portion:
E: 21 g, F: 17 g, Kh: 62 g,
kJ: 2046, kcal: 489

FÜR GÄSTE – BELIEBT

1 Wasser in einem großen, geschlossenen Topf zum Kochen bringen. Dann Salz und Nudeln zugeben. Die Nudeln im geöffneten Topf bei mittlerer Hitze nach Packungsanleitung bissfest kochen, dabei gelegentlich umrühren. Anschließend Nudeln in ein Sieb geben, mit kaltem Wasser abspülen und abtropfen lassen.

2 Für die Sauce Knoblauch abziehen, fein würfeln und mit Essig, Salz, Zucker, Pfeffer und Senf verrühren. Öl unterschlagen. Nudeln mit der Sauce vermengen und gut durchziehen lassen.

3 Tunfisch gut abtropfen lassen und mit einer Gabel in Stücke zupfen. Dosengemüse ebenfalls gut abtropfen lassen. Paprikaschote halbieren, entstielen, entkernen und die weißen Scheidewände entfernen. Die Schote waschen und fein würfeln. Frühlingszwiebeln putzen, waschen und in feine Ringe schneiden.

4 Joghurt unter die Nudeln rühren. Vorbereitetes Gemüse und Tunfisch unter die Nudeln mischen und alles nochmals etwa 20 Minuten durchziehen lassen.

5 Salat vor dem Servieren nochmals mit Salz und Pfeffer abschmecken. Sollte die Sauce zu fest geworden sein, einfach etwas Gemüsebrühe unter den Salat rühren.

Tipp: *Lecker schmeckt der Salat auch mit feinen Kochschinkenstreifen anstelle von Tunfisch.*

Fischauflauf mit feiner Senfcreme

Zutaten

750 g Kartoffeln
Salz
600 g Fischfilets (Kabeljau, Seelachs oder Rotbarsch; frisch oder TK)
1–2 EL Zitronensaft
2 kleine Chicorée
250 g Tomaten
frisch gemahlener weißer Pfeffer
40 g Butter
30 g Weizenmehl
250 ml (¼ l) Milch
350 ml Gemüsebrühe
2–3 EL mittelscharfer Senf
100 g Crème fraîche
150 g geriebener Käse (z. B. Gouda)

Zubereitungszeit:
80 Minuten, ohne Abkühl- und Auftauzeit

Pro Portion:
E: 45 g, F: 32 g, Kh: 36 g, kJ: 2596, kcal: 620

RAFFINIERT

1 Kartoffeln gründlich waschen und in Salzwasser gar kochen. Die garen Kartoffeln abgießen, abdämpfen, pellen und etwas abkühlen lassen. Anschließend in Scheiben schneiden.

2 Fischfilets evtl. auftauen lassen, unter fließendem kalten Wasser abspülen, trockentupfen und mit Zitronensaft beträufeln.

3 Chicorée von schlechten Blättern befreien, halbieren, die bitteren Strünke keilförmig herausschneiden und Chicorée in Blätter teilen. Tomaten waschen, abtropfen lassen, die Stängelansätze herausschneiden und Tomaten in Scheiben schneiden.

4 Eine Auflaufform einfetten. Boden zuerst mit einer Schicht Kartoffelscheiben bedecken. Dann Fischfilets, Chicorée, Tomaten- und restliche Kartoffelscheiben im Wechsel dekorativ darauf schichten und mit Salz und Pfeffer würzen.

5 Butter in einem Topf zerlassen, Mehl darin goldgelb rösten und Milch und Brühe unter Rühren dazugießen. Die Sauce unter Rühren gut aufkochen lassen und Senf und Crème fraîche unterrühren. Käse in der Sauce unter Rühren schmelzen, aber nicht mehr kochen lassen.

6 Die Sauce mit Pfeffer abschmecken, über die Zutaten gießen und die Form ohne Deckel auf dem Rost in den Backofen schieben.

Ober-/Unterhitze: etwa 200 °C (vorgeheizt)
Heißluft: etwa 180 °C (vorgeheizt)
Gas: Stufe 3–4 (vorgeheizt)
Garzeit: etwa 30 Minuten.

AUS HOLLA

Gegrillte Makrelen mit Tomaten-Dip

Zutaten

Für die Makrelen:
4 küchenfertige Makrelen
Salz
frisch gemahlener Pfeffer
1 unbehandelte Zitrone
1 kleine Gemüsezwiebel
2 Tomaten
1 Bund gemischte Kräuter (z. B. Petersilie, Dill, Basilikum)

Außerdem:
extrastarke Alufolie

Für den Tomaten-Dip:
1 Knoblauchzehe
300 g Schmand oder saure Sahne
Salz
frisch gemahlener Pfeffer
2 Tomaten
2 EL gehackte Petersilie

Zubereitungszeit:
40 Minuten

Pro Portion:
E: 44 g, F: 33 g, Kh: 9 g, kJ: 2152, kcal: 514

RAFFINIERT

1 Makrelen unter fließendem kalten Wasser abspülen, trockentupfen und innen und außen mit Salz und Pfeffer einreiben. Zitrone heiß abspülen, in Scheiben schneiden und in den Fischen verteilen.

2 Zwiebel abziehen und in Scheiben schneiden. Tomaten waschen, die Stängelansätze herausschneiden und die Tomaten in Scheiben schneiden. Kräuter abspülen, trockentupfen, Blättchen von den Stielen zupfen und grob hacken.

3 Die Zutaten ebenfalls in den Fischen verteilen. Jeweils ein großes Stück Alufolie vorbereiten, die Makrelen darin fest einwickeln, in eine Fettfangschale legen und in den Backofen schieben.

Ober-/Unterhitze: etwa 200 °C (vorgeheizt)
Heißluft: etwa 180 °C (vorgeheizt)
Gas: Stufe 3–4 (vorgeheizt)
Garzeit: etwa 30 Minuten.

4 Für den Dip in der Zwischenzeit Knoblauch abziehen, fein würfeln und mit Schmand, Salz und Pfeffer verrühren. Tomaten waschen, halbieren, Stängelansätze herausschneiden und die Tomaten fein würfeln. Die Tomatenwürfel mit der Petersilie unter die Schmandmasse rühren.

5 Die fertigen Makrelen aus der Folie lösen, auf Tellern anrichten und Tomaten-Dip dazu reichen.

Beilage: *Pellkartoffeln oder Fladenbrot.*

Tipp: *Auf die gleiche Art lassen sich auch Forellen (frisch oder TK) köstlich zubereiten.*

Seelachs mit Kräuterkruste auf Kartoffelgratin

Zutaten

Für das Gratin:
1 kg fest kochende Kartoffeln
Salz
frisch gemahlener Pfeffer
250 ml (¼ l) Gemüsebrühe
300 ml Milch
100 ml Schlagsahne

Für Fisch und Kruste:
750 g Seelachsfilets (frisch oder TK)
Saft und abgeriebene Schale von ½ unbehandelten Zitrone
Salz
frisch gemahlener Pfeffer
2 EL Semmelbrösel
etwas getrockneter Rosmarin
30 g geriebener Parmesan-Käse
2 Tomaten

Zubereitungszeit:
60 Minuten, ohne Auftauzeit

Pro Portion:
E: 45 g, F: 15 g, Kh: 43 g, kJ: 2069, kcal: 493

FÜR GÄSTE – RAFFINIERT

1 Für das Gratin Kartoffeln waschen, schälen und abspülen. Kartoffeln auf einer Küchenreibe in feine Scheiben hobeln, senkrecht in eine Auflaufform schichten und mit Salz und Pfeffer würzen.

2 Brühe mit Milch und Sahne mischen und über die Kartoffeln gießen. Die Form ohne Deckel auf den Rost in den Backofen schieben.

Ober-/Unterhitze: 180–200 °C (vorgeheizt)
Heißluft: 160–180 °C (vorgeheizt)
Gas: etwa Stufe 3 (vorgeheizt)
Garzeit: etwa 30 Minuten.

3 In der Zwischenzeit Fischfilets evtl. auftauen lassen, unter fließendem kalten Wasser abspülen, trockentupfen, in Portionen teilen, mit Zitronensaft beträufeln und kurz ziehen lassen. Filets trockentupfen und mit Salz und Pfeffer würzen. Zitronenschale mit Semmelbröseln, Rosmarin und Parmesan mischen und mit etwas Salz und Pfeffer würzen.

4 Gratin aus dem Backofen nehmen und die Fischfilets darauf verteilen. Tomaten waschen, abtropfen lassen und Stängelansätze entfernen. Die Tomaten in Scheiben schneiden und auf den Fisch legen.

5 Die Parmesan-Semmelbrösel-Mischung auf den Fischfilets verteilen. Alles nochmals in den Backofen schieben und **bei der oben angegebenen Backofeneinstellung in etwa 15 Minuten** fertig garen.

Tipp: *Mit etwas Gemüse und Käse wird aus einem Gratin, auch ohne Fisch oder Fleisch, eine vollwertige Mahlzeit. Schichten Sie dazu z. B. eine in Scheiben geschnittene Porreestange (Lauch), 400 g klein geschnittene Möhren oder 1 Packung (300 g) TK-Spinat mit den Kartoffeln in die Form. Mit 150 g geriebenem Käse bestreuen und etwa 40 Minuten backen.*

Herings-Creme-Topf

Zutaten

(Foto)
6 Matjesfilets, 1 Zwiebel
2 Gewürzgurken
2 säuerliche Äpfel
1 Becher (150 g) Crème fraîche, 300 g Speisequark
Salz, Pfeffer, 1 Bund Dill

Zubereitungszeit:
15 Minuten, ohne Durchziehzeit

Pro Portion:
E: 29 g, F: 34 g, Kh: 16 g, kJ: 2044, kcal: 490

KLASSISCH

1 Matjesfilets evtl. wässern, trockentupfen und in mundgerechte Stücke schneiden.

2 Zwiebel abziehen, in Scheiben schneiden und in Ringe teilen. Gurken abtropfen lassen und in Scheiben schneiden. Äpfel schälen, vierteln, entkernen und in kleine Scheiben schneiden.

3 Crème fraîche mit Quark verrühren und Matjesstücke, Zwiebelringe, Gurken- und Apfelscheiben unterheben.

4 Den Herings-Creme-Topf mit Salz und Pfeffer würzen und etwa 1 Stunde durchziehen lassen. Vor dem Servieren nochmals abschmecken. Dill abspülen, trockentupfen, die Spitzen von den Stängeln zupfen, fein hacken und unterrühren.

Beilage: *Pellkartoffeln oder Vollkornbrot und Butter.*

Fischfilet in Tomatensauce

Zutaten

600 g küchenfertiges Fischfilet (z. B. Seelachs, Kabeljau, Rotbarsch; frisch oder TK)
2 Zwiebeln
1 kleiner Staudensellerie
2 EL Speiseöl,1 Knoblauchzehe
1 Dose stückige Tomaten (Einwaage 800 g)
100 g schwarze Oliven
abgeriebene Schale von ½ Zitrone (unbehandelt)
Salz, Pfeffer, 1 EL Zucker
1 Bund Basilikum

1 Fischfilets evtl. auftauen lassen, unter fließendem kaltem Wasser abspülen, trockentupfen und in Würfel schneiden. Zwiebeln abziehen und fein würfeln. Staudensellerie putzen, harte Fäden an der Außenseite der Stängel abziehen. Sellerie waschen und in feine Scheiben schneiden. Öl erhitzen, die Fischwürfel darin braten, aus dem Bratfett nehmen und warm stellen. Staudenselleriescheiben und Zwiebeln in dem restlichen Bratfett andünsten.

2 Knoblauch abziehen, zerdrücken und mit Tomaten, Oliven und Zitronenschale zu den Staudenselleriescheiben geben. Alles mit Salz, Pfeffer und Zucker würzen und bei mittlerer Hitze etwa 10 Minuten einkochen lassen.

(Fortsetzung Seite 60)

Zubereitungszeit:
30 Minuten, ohne Auftauzeit

Pro Portion:
E: 35 g, F: 11 g, Kh: 10 g,
kJ: 1175, kcal: 280

SCHNELL ZUBEREITET

3 Basilikum abspülen, trockentupfen, die Blätter von den Stängeln zupfen. Blätter fein schneiden und zusammen mit den Fischwürfeln unter die Sauce mischen. Alles nochmals kurz erhitzen und mit Salz und Pfeffer abschmecken.

Rotbarsch mit Basilikum

Zutaten

4 Rotbarsch- oder Seelachsfilets (je 125 g, frisch oder TK)
Salz
frisch gemahlener Pfeffer
3 mittelgroße Zucchini
4 Tomaten
1 frisches Brötchen
1 Bund Basilikum
1 Becher (150 g) Crème fraîche

Zubereitungszeit:
50 Minuten, ohne Auftauzeit

Pro Portion:
E: 29 g, F: 17 g, Kh: 14 g,
kJ: 1379, kcal: 330

FÜR GÄSTE

1 Fischfilets evtl. auftauen lassen, unter fließendem kalten Wasser abspülen, trockentupfen und mit Salz und Pfeffer bestreuen.

2 Zucchini waschen, die Enden abschneiden und Zucchini in Scheiben schneiden. Tomaten waschen, die Stängelansätze entfernen und Tomaten ebenfalls in Scheiben schneiden. Zucchini- und Tomatenscheiben abwechselnd in 4 Reihen in eine große, flache Auflaufform (etwa 25 x 25 cm) legen, dabei salzen und pfeffern.

3 Fischfilets längs zwischen die Reihen legen. Brötchen in feine Würfel schneiden. Basilikum abspülen, trockentupfen, die Blättchen von den Stängeln zupfen und in feine Streifen schneiden.

4 Brötchenwürfel mit gut der Hälfte der Crème fraîche verrühren, mit Salz und Pfeffer würzen und 2 Esslöffel Basilikumstreifen unterrühren. Die Masse nur auf den Fischfilets verteilen. Die Form ohne Deckel auf dem Rost in den Backofen schieben.

Ober-/Unterhitze: etwa 200 °C (vorgeheizt)
Heißluft: etwa 180 °C (vorgeheizt)
Gas: Stufe 3–4 (vorgeheizt)
Garzeit: etwa 25 Minuten.

5 Fisch und Zucchini- und Tomatenscheiben auf Tellern anrichten und mit dem restlichen Basilikum bestreuen. Die restliche Crème fraîche dazu reichen.

Spirelli mit Brokkoli und Speckstreifen

Zutaten

100 g magerer Frühstücksspeck
1 Zwiebel
750 g Brokkoli
250 ml (¼ l) Gemüsebrühe
150 ml Schlagsahne
Salz
frisch gemahlener Pfeffer
3 l Wasser
3 gestr. TL Salz
350 g Nudeln (z. B. Spirelli)
2–3 EL heller Saucenbinder
2 Tomaten

Zubereitungszeit:
25 Minuten

Pro Portion:
E: 19 g, F: 33 g, Kh: 71 g,
kJ: 2779, kcal: 663

FÜR KINDER – SCHNELL ZUBEREITET

1 Speck in feine Streifen schneiden und in einem großen Topf knusprig auslassen, anschließend herausnehmen und auf Küchenpapier abtropfen lassen. Zwiebel abziehen, fein würfeln und im Speckfett glasig dünsten.

2 Brokkoli in Röschen teilen, Strunk schälen und klein schneiden. Brokkoli zur Zwiebel in den Topf geben, kurz andünsten, Brühe und Sahne hinzugießen und mit Salz und Pfeffer würzen. Alles zugedeckt bei schwacher Hitze in etwa 8 Minuten garen.

3 In der Zwischenzeit reichlich Wasser in einem großen Topf mit geschlossenem Deckel zum Kochen bringen. Dann Salz und Nudeln zugeben. Die Nudeln im geöffneten Topf bei mittlerer Hitze nach Packungsanleitung kochen lassen, dabei gelegentlich umrühren. Anschließend die Nudeln in ein Sieb geben, mit heißem Wasser abspülen und abtropfen lassen.

4 Brokkoli mit einer Schaumkelle aus der Kochflüssigkeit nehmen und warm stellen. Saucenbinder in das Brokkoliwasser einrühren, aufkochen lassen und abschmecken.

5 Nudeln mit der Sauce mischen. Brokkoli, Speck und Nudeln auf Tellern anrichten. Tomaten waschen, abtrocknen, halbieren und Stängelansätze entfernen. Die Tomaten fein würfeln und über die Nudeln streuen.

Tipp: *Verwenden Sie statt frischem Gemüse TK-Brokkoli. Große Vorratspackungen, aus denen das Gemüse nach Bedarf portionsweise entnommen werden kann, sind preisgünstiger.*

Spaghetti Siziliana

Zutaten

Für die Sauce:
2 große gelbe oder rote Paprikaschoten
1 mittelgroße Aubergine
600 g Tomaten
3 Knoblauchzehen
6 EL Olivenöl
2 EL abgetropfte Kapern (aus dem Glas)
12 entsteinte schwarze Oliven
Salz
frisch gemahlener Pfeffer

4 l Wasser
4 gestr. TL Salz
500 g Spaghetti

40 g geriebener Parmesan-Käse
einige Basilikumblättchen

Zubereitungszeit:
60 Minuten

Pro Portion:
E: 24 g, F: 25 g, Kh: 98 g, kJ: 3022, kcal: 720

ETWAS AUFWÄNDIGER

1 Für die Sauce Paprikaschoten halbieren, entstielen, entkernen und die weißen Scheidewände entfernen. Schoten waschen und abtropfen lassen. Paprikahälften mit der Hautseite nach oben auf ein gefettetes Backblech legen und das Backblech in den Backofen schieben.

Ober-/Unterhitze: etwa 220 °C (vorgeheizt)
Heißluft: etwa 200 °C (vorgeheizt)
Gas: Stufe 4–5 (vorgeheizt)
Backzeit: etwa 10 Minuten.

2 Paprika backen, bis die Haut Blasen wirft. Das Backblech aus dem Backofen nehmen, die Schoten mit einem feuchten Küchentuch zugedeckt 5 Minuten abkühlen lassen. Dann die Haut abziehen und das Fruchtfleisch in Würfel schneiden. Aubergine abspülen, putzen und fein würfeln. Tomaten waschen, abtropfen lassen, kreuzweise einschneiden und kurz in kochendes Wasser legen. Tomaten kalt abschrecken, enthäuten, Stängelansätze entfernen und das Fruchtfleisch würfeln.

3 Knoblauch abziehen und fein würfeln. Öl in einem Topf erhitzen, Knoblauch darin andünsten. Auberginen-, Paprika- und Tomatenwürfel dazugeben. Die Zutaten etwa 10 Minuten bei schwacher Hitze unter Rühren dünsten. Kapern- und Oliven klein schneiden, unterrühren und die Sauce mit Salz und Pfeffer abschmecken.

4 Wasser in einem großen Topf mit geschlossenem Deckel zum Kochen bringen. Dann Salz und Spaghetti dazugeben. Die Spaghetti im geöffneten Topf bei mittlerer Hitze nach Packungsanleitung kochen lassen, dabei gelegentlich umrühren. Anschließend die Spaghetti in ein Sieb geben, mit heißem Wasser abspülen und abtropfen lassen.

5 Spaghetti mit der Sauce vermischen, auf Tellern anrichten und mit Käse und Basilikumblättchen bestreuen.

Tipp: *Schneller geht es, wenn Sie Paprika und Tomaten mit Schale verwenden.*

Nudelpfanne mit Putenbrust

Zutaten

(Foto)
2 l Wasser
2 gestr. TL Salz
250 g Nudeln
(z. B. Spiralnudeln)
400 g Putenbrust
3 EL Speiseöl
Salz, Pfeffer
300 g TK-Erbsen-Möhren-Mischung
5–6 EL Wasser
125 ml (1/8 l) Schlagsahne
1 EL gehackte Petersilie

Zubereitungszeit:
30 Minuten

Pro Portion:
E: 34 g, F: 22 g, Kh: 49 g,
kJ: 2215, kcal: 530

FÜR KINDER

1 Wasser in einem großen, geschlossenen Topf zum Kochen bringen. Dann Salz und Nudeln zugeben. Die Nudeln im geöffneten Topf bei mittlerer Hitze nach Packungsanleitung bissfest kochen, dabei gelegentlich umrühren. Anschließend Nudeln in ein Sieb geben, mit heißem Wasser abspülen und abtropfen lassen.

2 Putenbrust unter fließendem kalten Wasser abspülen, trockentupfen und in Streifen schneiden. Öl in einer großen Pfanne erhitzen. Putenbruststreifen darin rundherum anbraten, mit Salz und Pfeffer würzen, herausnehmen und warm stellen.

3 Erbsen und Möhren in den Bratensatz geben, Wasser und Sahne hinzufügen. Alles aufkochen lassen und zugedeckt bei schwacher Hitze bissfest garen.

4 Fleischstreifen und Nudeln hinzufügen und unter Rühren weitere 3–4 Minuten erhitzen. Die Nudelpfanne nochmals abschmecken und mit Petersilie bestreut servieren.

Abwandlung: *Sie können zusätzlich 200 g Champignonscheiben (aus dem Glas) mit den Putenbruststreifen anbraten.*

Feiner bunter Kartoffelsalat

Zutaten

750 g Salatkartoffeln
Salz
3 Eier (Größe M)
2 mittelgroße Zwiebeln
300 g Fleischwurst
1 großer, säuerlicher Apfel
3–4 Gewürzgurken

1 Die Salatkartoffeln gründlich waschen, in Salzwasser zum Kochen bringen und in 20–25 Minuten gar kochen lassen. Kartoffeln anschließend abgießen, abdämpfen, heiß pellen und erkalten lassen.

2 In der Zwischenzeit Eier in etwa 10 Minuten hart kochen, abschrecken und pellen. Zwiebeln abziehen, Fleischwurst enthäuten, Apfel waschen, vierteln und entkernen. Alle Zutaten und Gewürzgurken fein würfeln.

(Fortsetzung Seite 68)

Für die Salatsauce:
2 EL Kräuteressig
125 ml (⅛ l) Fleischbrühe
1 TL scharfer Senf
Salz, Pfeffer, Zucker
4–5 EL Speiseöl
2 EL gehackte Petersilie

Zubereitungszeit:
50 Minuten, ohne Durchziehzeit

Pro Portion:
E: 26 g, F: 36 g, Kh: 40 g,
kJ: 2503, kcal: 597

3 Für die Salatsauce Essig mit Fleischbrühe, Senf, Salz, Pfeffer und Zucker verrühren, Öl unterschlagen. Salatsauce mit den Salatzutaten vermengen und Petersilie unterrühren. Den Kartoffelsalat 1–2 Stunden durchziehen lassen.

Tipp: *Heben Sie 3–4 entkernte, klein geschnittene Tomaten unter den Salat.*
Etwas milder wird es, wenn Sie statt der Zwiebeln 3–4 Frühlingszwiebeln klein schneiden und unterheben.

Spitzkohl-Fleischwurst-Pfanne mit Spätzle

Zutaten

2 l Wasser, 2 gestr. TL Salz
200 g Spätzle
1 Zwiebel, 3 EL Speiseöl
1 großer Kopf Spitzkohl (ersatzweise etwa 1 kg junger Weißkohl
125 ml (⅛ l) Fleischbrühe
125 ml (⅛ l) Schlagsahne
Pfeffer, evtl. Kümmelsamen
400 g Knoblauchfleischwurst

Zubereitungszeit:
30 Minuten

Pro Portion:
E: 27 g, F: 38 g, Kh: 20 g,
kJ: 2218, kcal: 529

GELINGT LEICHT

1 Wasser in einem großen, geschlossenen Topf zum Kochen bringen. Dann Salz und Spätzle hinzugeben. Die Spätzle im geöffneten Topf bei mittlerer Hitze nach Packungsanleitung bissfest kochen, dabei gelegentlich umrühren. Anschließend Spätzle in ein Sieb geben, mit heißem Wasser abspülen und abtropfen lassen.

2 Zwiebel abziehen, würfeln und im heißen Öl in einer großen Pfanne andünsten. Kohl putzen, halbieren und den Kohl in 6–8 Spalten schneiden. Kohl kurz abspülen, abtropfen lassen, zur Zwiebel in die Pfanne geben und mit andünsten. Brühe und Sahne hinzugießen, kurz aufkochen lassen und den Kohl bei schwacher Hitze zugedeckt in 10–15 Minuten bissfest garen. Kohl mit Salz, Pfeffer und Kümmel würzen. Die Spätzle hinzufügen.

3 Die Fleischwurst enthäuten, halbieren, in Scheiben schneiden und ebenfalls hinzufügen. Alles unter vorsichtigem Wenden kurz erhitzen und vor dem Servieren nochmals abschmecken.

Bandnudeln in Rahmsauce mit Geflügelleber

Zutaten

1 kleines Bund frischer Salbei
3 EL Speiseöl

Für die Sauce:
2 Zwiebeln
150 ml Milch
200 ml Gemüsebrühe
100 ml Schlagsahne
Salz
frisch gemahlener Pfeffer
1 TL Tomatenmark

4 l Wasser
4 gestr. TL Salz
400 g Bandnudeln

400 g Geflügelleber (z. B. Hähnchen oder Pute)
2 Tomaten

Zubereitungszeit:
25 Minuten

Pro Portion:
E: 34 g, F: 25 g, Kh: 78 g, kJ: 2819, kcal: 672

SCHNELL ZUBEREITET

1 Salbei abspülen, trockentupfen und die Salbeiblättchen von den Stielen zupfen. 2 Esslöffel von dem Öl in einer Pfanne erhitzen. Salbeiblättchen darin knusprig braten, herausnehmen und auf Küchenpapier abtropfen lassen.

2 Für die Sauce Zwiebeln abziehen, fein würfeln und im Bratfett glasig dünsten. Milch, Brühe und Sahne dazugießen, aufkochen lassen und mit Salz, Pfeffer und Tomatenmark abschmecken. Sauce bei schwacher Hitze etwa 2 Minuten köcheln lassen.

3 Wasser in einem großen, geschlossenen Topf zum Kochen bringen. Dann Salz und Nudeln zugeben. Die Nudeln im geöffneten Topf bei mittlerer Hitze nach Packungsanleitung bissfest kochen, dabei gelegentlich umrühren. Anschließend Nudeln in ein Sieb geben, mit heißem Wasser abspülen und abtropfen lassen.

4 Leber unter fließendem kalten Wasser abspülen, trockentupfen, evtl. putzen und klein schneiden. Übriges Öl in einer beschichteten Pfanne erhitzen, Leber darin rundherum braun braten und mit Salz und Pfeffer würzen.

5 Nudeln mit der Sauce mischen, alles nochmals kurz köcheln lassen und mit Leber und Salbeiblättchen auf Tellern anrichten. Tomaten waschen, abtropfen lassen, halbieren und Stängelansätze entfernen. Tomaten fein würfeln und darüber streuen.

Tipp: *Statt mit gebratener Leber können Sie dieses Gericht auch einfach mit in Streifen geschnittenem Schinkenspeck oder gekochtem Vorderschinken servieren.*

Zucchini-Paprika-Pfanne

Zutaten

(Foto)
2 Knoblauchzehen
5 EL Olivenöl
250 g Langkornreis
500 ml (½ l) Gemüsebrühe
4 Zucchini
2 rote Paprikaschoten
1 grüne Paprikaschote
Salz, Pfeffer
½ Bund glatte Petersilie

Zubereitungszeit:
30 Minuten

Pro Portion:
E: 10 g, F: 16 g, Kh: 59 g, kJ: 1801, kcal: 429

SCHNELL ZUBEREITET

1 Knoblauch abziehen und in Scheiben schneiden. 2 Esslöffel von dem Öl in einem Topf erhitzen und die Knoblauch darin anbraten. Reis hinzugeben und kurz mit andünsten. Brühe dazugießen, aufkochen lassen und zugedeckt bei schwacher Hitze in 20–25 Minuten ausquellen lassen.

2 Zucchini waschen, Enden abschneiden und Zucchini in Scheiben schneiden. Paprikaschoten halbieren, entstielen, entkernen und weiße Scheidewände entfernen. Schoten waschen und in Stücke oder Streifen schneiden. Übriges Öl in einer Pfanne erhitzen, vorbereitetes Gemüse darin etwa 5 Minuten braten und mit Salz und Pfeffer würzen.

3 Gemüse unter den Reis mischen, alles nochmals kurz erwärmen und mit Salz und Pfeffer abschmecken. Petersilie abspülen, trockenschütteln, Blättchen von den Stielen zupfen und über die Gemüsepfanne streuen.

Tipp: *100 g in Würfel geschnittenen Schafkäse unterheben.*

Bunter Reisauflauf

Zutaten

50 g Butter
4 mittelgroße Zwiebeln
1 Knoblauchzehe
250 g Naturreis
½ TL getrockneter Rosmarin
550 ml Gemüsebrühe
500 g Tomaten
250 g Fleischwurstscheiben
Salz, Pfeffer
100 g geriebener Käse (z. B. Gouda)

1 Butter in einem Topf erhitzen. Zwiebeln abziehen und fein würfeln. Knoblauch abziehen, durch eine Knoblauchpresse geben und beides in der Butter glasig dünsten. Reis und Rosmarin dazugeben und kurz mit andünsten. Brühe dazugießen und alles zugedeckt bei schwacher Hitze etwa 35 Minuten quellen lassen.

2 Tomaten waschen, abtrocknen, halbieren, Stängelansätze entfernen und die Tomaten achteln.

3 Eine gefettete Auflaufform mit Tomatenachteln und Fleischwurstscheiben auslegen, Reis einfüllen, restliche Tomatenstücke und Fleischwurstscheiben dazwischen

(Fortsetzung Seite 74)

Zubereitungszeit:
70 Minuten

Pro Portion:
E: 22 g, F: 37 g, Kh: 52 g,
kJ: 2640, kcal: 629

FÜR KINDER

stecken und alles würzen. Den Auflauf mit Käse bestreuen und die Form auf dem Rost in den Backofen schieben.

Ober-/Unterhitze: etwa 200 °C (vorgeheizt)
Heißluft: etwa 180 °C (vorgeheizt)
Gas: Stufe 3–4 (vorgeheizt)
Backzeit: etwa 25 Minuten.

Tipp: *Statt Fleischwurst Leberkäse verwenden.*

Beilage: *Dazu passt grüner Salat mit Zitronen-Dressing.*

Majoran-Kartoffel-Pfanne mit Würstchen

Zutaten

1 kg mittelgroße fest kochende Kartoffeln, Salz
150 g frische Champignons oder 1 Dose Champignons in Scheiben (Abtropfgewicht 314 g)
40 g Butter, 2 EL Speiseöl
frisch gemahlener Pfeffer
1 Dose Cocktailwürstchen (Abtropfgewicht 180 g) oder 2 Wiener Würstchen
gerebelter oder frischer Majoran
125 g Mozzarella-Käse

Zubereitungszeit:
40 Minuten, ohne Abkühlzeit

Pro Portion:
E: 20 g, F: 35 g, Kh: 37 g,
kJ: 2298, kcal: 548

FÜR KINDER

1 Kartoffeln gründlich waschen und in Salzwasser in etwa 20 Minuten gar kochen lassen. Kartoffeln abgießen, gut abdämpfen, pellen und abkühlen lassen. Anschließend Kartoffeln in Scheiben schneiden.

2 Champignons putzen, evtl. kurz abspülen, trockentupfen und in Scheiben schneiden. Dosenchampignons in einem Sieb abtropfen lassen. Butter und Öl in einer großen Pfanne erhitzen. Pilze darin kurz anbraten und herausnehmen. Kartoffeln im Bratfett knusprig braten und mit Salz und Pfeffer würzen.

3 Würstchen abtropfen lassen bzw. klein schneiden, mit den Pilzen zu den Kartoffeln geben und erwärmen. Alles mit Salz, Pfeffer und etwas Majoran abschmecken. Mozzarella abtropfen lassen und in Scheiben schneiden. Scheiben auf der Kartoffel-Pfanne verteilen und bei mittlerer Hitze schmelzen lassen. Übrigen Majoran vor dem Servieren über die Pfanne streuen.

Beilage: *Frischer, gemischter Salat mit Vinaigrette.*

Tipp: *Statt der Cocktailwürstchen kann auch in Streifen geschnittene Fleischwurst verwendet werden.*

Rösti mit Sauerkraut und Schinken-Schnittlauch-Sauce

Zutaten

Für die Rösti:
1 kg fest kochende Kartoffeln
2 Zwiebeln
2 Eier (Größe M)
Salz
frisch gemahlener Pfeffer
2 EL Weizenmehl
200 ml Speiseöl

Für das Sauerkraut:
75 g Schnittkäse (z. B. Gouda)
100 g Ananasstücke (aus der Dose)
8 hauchdünne Scheiben Salami
300 g Sauerkraut (aus der Dose)
1 TL Kümmelsamen

Für die Schinken-Schnittlauch-Sauce:
100 g roher Schinken oder Schinkenspeck
1 Becher (150 g) Crème fraîche
150 g Naturjoghurt
1 Bund Schnittlauch

Zubereitungszeit:
40 Minuten

Pro Portion:
E: 25 g, F: 74 g, Kh: 50 g,
kJ: 4066, kcal: 973

FÜR GÄSTE

1 Für die Rösti Kartoffeln waschen, schälen, abspülen, grob raspeln, in einem Sieb abtropfen lassen und die restliche Feuchtigkeit herausdrücken. Zwiebeln abziehen und fein würfeln. Eier mit Salz, Pfeffer und Zwiebeln verquirlen, nach und nach Mehl hinzugeben und die geraspelten Kartoffeln untermengen.

2 Öl portionsweise in 2 Pfannen erhitzen. 1/8 des Kartoffelgemisches in jede Pfanne geben und mit einem Pfannenwender zu einem Rösti (Ø etwa 10 cm) flach drücken. Die Rösti bei kleiner Hitze etwa 4 Minuten von beiden Seiten goldbraun und die Ränder knusprig backen. Im Ofen warm stellen und den übrigen Rösti-Teig ebenso verarbeiten.

3 Für das Sauerkraut Käse fein würfeln. Ananas abtropfen lassen. Salami in Streifen schneiden. Sauerkraut auseinander zupfen. Alle Zutaten mit Kümmelsamen vermengen. Das Sauerkraut in eine Auflaufform geben, auf dem Rost in den Backofen schieben und erwärmen.

Ober-/Unterhitze: etwa 180 °C (vorgeheizt)
Heißluft: etwa 160 °C (vorgeheizt)
Gas: Stufe 2–3 (vorgeheizt)
Aufwärmzeit: etwa 8 Minuten.

4 In der Zwischenzeit für die Sauce Schinken in feine Streifen schneiden und mit Crème fraîche und Joghurt verrühren. Die Sauce mit Salz und Pfeffer abschmecken. Schnittlauch abspülen, abtropfen lassen, in feine Röllchen schneiden und unter die Sauce rühren.

5 Die Schinken-Schnittlauch-Sauce und das Sauerkraut zu den Rösti reichen.

Tipp: *Sie können auch eine Packung tiefgefrorene Rösti (600 g) verwenden. Diese dann nach Packungsanleitung zubereiten.*

Kartoffel-Paprika-Curry

Zutaten

800 g kleine Kartoffeln
Salz
6 EL Sonnenblumenöl
je 2 gelbe und grüne Paprikaschoten (etwa 800 g)
2 Zwiebeln
2 gestr. EL Currypulver
2 EL abgezogene, gehackte Mandeln
etwas Wasser
250 g Naturjoghurt
frisch gemahlener schwarzer Pfeffer
2 EL gehackte Petersilie

Zubereitungszeit:
60 Minuten, ohne Abkühlzeit

Pro Portion:
E: 8 g, F: 19 g, Kh: 33 g,
kJ: 1442, kcal: 344

RAFFINIERT – EXOTISCH

1 Kartoffeln gründlich waschen und in Salzwasser in 15–20 Minuten gar kochen lassen. Anschließend Kartoffeln abgießen, abdämpfen und pellen. Öl in einer großen Pfanne erhitzen und die Kartoffeln darin unter gelegentlichem Wenden goldbraun braten. Kartoffeln herausnehmen.

2 Paprikaschoten halbieren, entstielen, entkernen, die weißen Scheidewände entfernen, die Schoten waschen und in Würfel schneiden. Zwiebeln abziehen, halbieren und in Streifen schneiden. Das Kartoffelbratfett in der Pfanne nochmals erhitzen und die Paprikastücke darin andünsten.

3 Zwiebelstreifen hinzufügen und mitdünsten. Curry und Mandeln unterrühren, etwas Wasser hinzufügen und alles zugedeckt bei schwacher Hitze 10–15 Minuten garen. Joghurt und Kartoffeln zu der Paprikamischung geben und alles unter vorsichtigem Rühren nochmals erwärmen.

4 Das Kartoffel-Paprika-Curry mit Salz und Pfeffer abschmecken und mit Petersilie bestreut servieren.

Tipp: *Ganz schnell lässt sich dieses köstliche Gericht variieren. Verwenden Sie z. B. im Winter statt Paprika einfach einen kleinen frischen Blumenkohl (oder 800 g TK-Ware). Den Kohl dafür in Röschen teilen, in wenig Salzwasser bissfest dünsten, abgießen und zu den angebratenen Kartoffeln geben. Gewürze und Joghurt einrühren und abschmecken.*

Kartoffel-Gemüse-Pfanne mit Leberstreifen

Zutaten

1 kg fest kochende Kartoffeln
Salz
300 g TK-Erbsen
600 g Schweineleber
2 rote Paprikaschoten
1 Bund Frühlingszwiebeln
2–3 EL Speiseöl
frisch gemahlener Pfeffer
½ TL getrockneter Salbei
2 EL Crème fraîche
gehackte glatte Petersilie

Zubereitungszeit:
50 Minuten, ohne Abkühl- und Auftauzeit

Pro Portion:
E: 42 g, F: 13 g, Kh: 60 g, kJ: 2264, kcal: 541

EINFACH

1 Kartoffeln gründlich waschen und in Salzwasser etwa 20 Minuten gar kochen lassen. Kartoffeln abgießen, gut abdämpfen und etwas abkühlen lassen. Anschließend Kartoffeln pellen und in schmale Spalten schneiden.

2 TK-Erbsen auftauen lassen. Leber unter fließendem kalten Wasser abspülen, trockentupfen und in Streifen schneiden. Paprikaschoten halbieren, entstielen, entkernen und die weißen Scheidewände entfernen. Schoten waschen und in Streifen schneiden. Frühlingszwiebeln putzen, waschen, abtropfen lassen und in feine Ringe schneiden.

3 Öl in einer Pfanne erhitzen, zunächst Leberstreifen darin kurz braten, herausnehmen und kurz warm stellen. Kartoffeln im Bratfett anbraten, Paprika, Frühlingszwiebeln und Erbsen hinzugeben. Alles unter Wenden etwa 5 Minuten braten, mit Salz, Pfeffer und Salbei würzen und mit Crème fraîche verfeinern.

4 Leberstreifen wieder hinzugeben und alles nochmals kurz erhitzen. Gemüse und Leberstreifen auf Tellern anrichten und mit gehackter Petersilie bestreuen.

Tipp: *Statt Leber können Sie für dieses Gericht auch Leberkäse in Streifen oder in Scheiben geschnittene Würstchen verwenden.*

Försterpfanne

Zutaten

1 kg mittelgroße fest kochende Kartoffeln
2 Zwiebeln
3 EL Speiseöl
250 g Champignons (frisch oder in Scheiben aus der Dose)
Salz
frisch gemahlener Pfeffer
4 Eier (Größe M)
5 EL Milch
1 EL Tomatenmark
1 Bund Schnittlauch

Zubereitungszeit:
45 Minuten, ohne Abkühlzeit

Pro Portion:
E: 15 g, F: 15 g, Kh: 39 g,
kJ: 1510, kcal: 360

BELIEBT

1 Die Kartoffeln gründlich waschen und in Salzwasser etwa 20 Minuten garen. Kartoffeln abgießen, gut abdämpfen lassen, pellen und abkühlen lassen. Anschließend die Kartoffeln in Scheiben schneiden.

2 Zwiebeln abziehen, in Scheiben schneiden und im heißen Öl andünsten. Kartoffeln hinzugeben und unter gelegentlichem Wenden knusprig braten. Frische Pilze putzen, evtl. abspülen und in Scheiben schneiden. Champignons aus der Dose abtropfen lassen.

3 Kartoffeln herausnehmen und kurz warm stellen. Pilze im Bratfett kräftig anbraten und mit Salz und Pfeffer würzen. Kartoffeln wieder hinzugeben und alles mischen.

4 Eier mit Milch, Salz, Pfeffer und Tomatenmark verquirlen. Die Eiermilch gleichmäßig über die Kartoffeln gießen und zugedeckt bei schwacher Hitze stocken lassen.

5 Schnittlauch abspülen, trockentupfen und in feine Röllchen schneiden. Kartoffel-Pilz-Pfanne vor dem Servieren mit dem Schnittlauch bestreuen.

Tipp: *Nach Belieben Bauernbrot und Gewürzgurken dazu reichen.*
Verwenden Sie statt Pilze 1 Stange Porree (Lauch). Diesen putzen, waschen, in Streifen schneiden wie die Pilze braten. Zusätzlich 200 g klein geschnittene Bauernmettwurst zur Kartoffelmischung geben.

Kartoffel-Zucchini-Möhren-Gratin

Zutaten

500 g Möhren (frisch oder TK-Möhrenscheiben)
125 ml (⅛ l) Gemüsebrühe
700 g gekochte Pellkartoffeln
500 g Zucchini
1 Knoblauchzehe
125 ml (⅛ l) Schlagsahne
200 ml Milch
1 Ei (Größe M)
Salz
gemahlener schwarzer Pfeffer
2 EL gehackte Kräuter (frisch oder TK; z. B. Petersilie, Estragon, Basilikum)
150 g geriebener Käse (z. B. Emmentaler)
50 g Butter

Zubereitungszeit:
60 Minuten

Pro Portion:
E: 21 g, F: 35 g, Kh: 32 g, kJ: 2242, kcal: 536

GUT VORZUBEREITEN

1 Möhren putzen, schälen, waschen und in dicke Scheiben schneiden. Möhren in Brühe etwa 5 Minuten zugedeckt dünsten lassen. Anschließend Möhren abgießen, dabei die Kochbrühe auffangen.

2 Pellkartoffeln pellen und in Scheiben schneiden. Zucchini waschen, die Enden abschneiden und die Zucchini in Scheiben schneiden. Kartoffel-, Möhren- und Zucchinischeiben dachziegelartig in eine große, gefettete Auflaufform schichten.

3 Knoblauch abziehen, durch die Knoblauchpresse drücken und mit Sahne, Milch, Möhrenkochbrühe und Ei verrühren. Eiermischung mit Salz und Pfeffer würzen, Kräuter unterrühren und die Eiermischung über das Gemüse gießen.

4 Käse darüber streuen und Butter in Flöckchen darauf setzen. Die Form auf dem Rost in den Backofen schieben.

Ober-/Unterhitze: etwa 200 °C (vorgeheizt)
Heißluft: etwa 180 °C (vorgeheizt)
Gas: Stufe 3–4 (vorgeheizt)
Backzeit: etwa 30 Minuten.

5 Falls die Oberfläche zu stark bräunt, das Gratin mit Backpapier zudecken.

Tipp: *Dazu eine gemischte Salatplatte oder Tomatensalat servieren.*

Lasagne, klassisch

Zutaten

Titelrezept
für 4–6 Personen

Für die Bologneser Sauce:
2 Zwiebeln
1 Knoblauchzehe
2 EL Speiseöl
300 g Gehacktes (halb Rind-, halb Schweinefleisch)
1 Dose geschälte Tomaten (Einwaage 800 g)
1 EL Tomatenmark
1–2 TL gerebelter Thymian
Salz
frisch gemahlener Pfeffer

Für die Béchamelsauce:
30 g Butter oder Margarine
25 g Weizenmehl
300 ml Milch
200 ml Gemüsebrühe
75 g geriebener Käse
Salz, Pfeffer
geriebene Muskatnuss

Außerdem:
Butter für die Form
etwa 12 Lasagneblätter (ohne Vorkochen)
100 g geriebener Käse (z. B. Gouda)

Zubereitungszeit:
70 Minuten

Pro Portion:
E: 26 g, F: 30 g, Kh: 37 g,
kJ: 2187, kcal: 522

BELIEBT

1 Für die Bologneser Sauce Zwiebeln und Knoblauch abziehen und würfeln. Öl in einem Topf erhitzen, Gehacktes darin krümelig braten. Zwiebeln und Knoblauch dazugeben und glasig dünsten. Tomaten in der Dose grob zerkleinern, mit Tomatenmark und Thymian zum Hack geben, etwa 5 Minuten köcheln lassen und mit Salz und Pfeffer würzen.

2 Für die Béchamelsauce Butter oder Magarine zerlassen und Mehl darin hellgelb anschwitzen. Milch und Brühe unter Rühren mit dem Schneebesen hinzugießen. Sauce aufkochen lassen, 5 Minuten köcheln lassen und dabei gelegentlich durchrühren. 75 g Käse in der Sauce schmelzen lassen und die Sauce mit Salz, Pfeffer und Muskat abschmecken.

3 Eine eckige Auflaufform (etwa 30 x 20 cm) mit Butter ausfetten, auf den Boden etwas Bologneser Sauce geben, darauf Lasagneblätter legen, dann Bologneser Sauce darauf geben, mit Béchamelsauce bedecken, Lasagneblätter darauf legen und mit jeder Schicht weiter so verfahren, so dass etwa 4 Lasagneschichten entstehen. Mit Béchamelsauce abschließen.

4 Übrigen Käse darüber streuen und die Form zugedeckt auf dem Rost in den Backofen schieben.

Ober-/Unterhitze: 200 °C (vorgeheizt)
Heißluft: 180 °C (nicht vorgeheizt)
Gas: Stufe 3–4 (nicht vorgeheizt)
Backzeit: etwa 45 Minuten.

5 Nach etwa 30 Minuten Backzeit den Deckel abnehmen und die Lasagne überbacken. Lasagne vor dem Servieren einige Minuten ruhen lassen, dann in Portionen teilen.

Makkaroniauflauf

Zutaten

2 l Wasser
2 gestr. TL Salz
250 g Makkaroni
1 kleines Glas Champignons in Scheiben (Abtropfgewicht 145 g)
250 g Fleischwurst mit Knoblauch oder gekochter Schinken
1 kleine Dose Pizza-Tomaten (Einwaage 400 g)
3 Eier (Größe M)
200 ml Milch
Salz
frisch gemahlener Pfeffer
½ TL getrocknete Kräuter der Provence
1 geh. EL Semmelbrösel
30 g Butter

Zubereitungszeit:
60 Minuten

Pro Portion:
E: 26 g, F: 30 g, Kh: 48 g, kJ: 2398, kcal: 572

FÜR KINDER

1 Wasser in einem großen, geschlossenen Topf zum Kochen bringen. Dann Salz und in fingerlange Stücke gebrochene Makkaroni zugeben. Die Makkaroni im geöffneten Topf bei mittlerer Hitze nach Packungsanleitung bissfest kochen, dabei gelegentlich umrühren. Anschließend Makkaroni in ein Sieb geben, mit heißem Wasser abspülen und abtropfen lassen.

2 Champignonscheiben in einem Sieb abtropfen lassen. Fleischwurst enthäuten und in kleine Würfel oder Streifen schneiden. Die beiden Zutaten mit den Makkaroni mischen und alles in eine gefettete Auflaufform geben. Pizza-Tomaten darüber geben und etwas untermengen.

3 Eier mit Milch verquirlen, mit Salz, Pfeffer und Kräutern der Provence würzen und gleichmäßig über den Auflauf gießen. Semmelbrösel darüber streuen und die Butter in Flöckchen darauf verteilen. Die Form auf dem Rost in den Backofen schieben.

Ober-/Unterhitze: 200–220 °C (vorgeheizt)
Heißluft: 180–200 °C (nicht vorgeheizt)
Gas: etwa Stufe 4 (nicht vorgeheizt)
Backzeit: etwa 35 Minuten.

Gratiniertes Wintergemüse im Kartoffelpüreekranz

Zutaten

750 g Rosenkohl
300 g Möhren
1 Zwiebel
50 g Butter
250 ml (¼ l) Gemüsebrühe
Salz
geriebene Muskatnuss
100 g grobe Mettwurst im Stück (z. B. Bauernmettwurst)
1 Pck. Kartoffelpüree mit Milch (für 3 Portionen)
500 ml (½ l) Wasser
150 g Gouda-Käse

Zubereitungszeit:
60 Minuten

Pro Portion:
E: 22 g, F: 40 g, Kh: 20 g, kJ: 2214, kcal: 529

EINFACH

1 Rosenkohl von den schlechten äußeren Blättchen befreien, etwas vom Strunk abschneiden, Röschen am Strunk kreuzförmig einschneiden, waschen und abtropfen lassen. Möhren putzen, schälen, waschen und in schräge Scheiben schneiden.

2 Zwiebel abziehen, würfeln und in 30 g von der Butter glasig dünsten. Rosenkohl und Gemüsebrühe hinzugeben und zugedeckt etwa 10 Minuten garen lassen. Möhrenscheiben dazugeben und noch etwa 5 Minuten mitgaren lassen. Gemüse mit Salz und Muskat würzen.

3 Mettwurst enthäuten und erst in etwa ½ cm dicke Scheiben, dann in Streifen schneiden und unter das Gemüse mischen.

4 Kartoffelpüreepulver nach Packungsanleitung mit Wasser zubereiten und kurz stehen lassen. Restliche Butter unterrühren und das Püree mit Muskat würzen. Püree in einen Spritzbeutel mit großer Sterntülle füllen und als Kranz in eine leicht gefettete, flache Auflaufform spritzen.

5 Käse würfeln, mit dem Gemüse mischen, in die Mitte des Kartoffelpüreekranzes füllen und die Form auf dem Rost in den Backofen schieben.

Ober-/Unterhitze: etwa 220 °C (vorgeheizt)
Heißluft: etwa 200 °C (vorgeheizt)
Gas: Stufe 4–5 (vorgeheizt)
Backzeit: 10–12 Minuten.

Tipp: *Dieses herzhafte Gericht schmeckt auch ohne Wurst sehr lecker. Je nach Saison können Sie beim Gemüse variieren. Verwenden Sie statt Rosenkohl und Möhren auch einmal Brokkoli, Porree, Blumenkohl, Bohnen, Kohlrabi oder Paprika und mischen Sie ganz nach Geschmack.*

Kohlrabiauflauf mit Käsekruste

Zutaten

1 kg Kohlrabi
250 ml (¼ l) Hühnerbrühe
40 g Butter
30 g Weizenmehl
250 ml (¼ l) Milch
Salz
frisch gemahlener Pfeffer
geriebene Muskatnuss
400 g Hähnchenbrustfilets
150 g geriebener Käse
(z. B. Gouda)

Zum Bestreuen:
2 EL gehackte Petersilie

Zubereitungszeit:
60 Minuten

Pro Portion:
E: 45 g, F: 26 g, Kh: 18 g,
kJ: 2020, kcal: 484

GUT VORZUBEREITEN

1 Kohlrabi schälen, waschen, halbieren und in Scheiben schneiden. Hühnerbrühe aufkochen lassen und die Kohlrabischeiben darin zugedeckt etwa 10 Minuten garen. Anschließend in einem Sieb abtropfen lassen, den Kochfond dabei auffangen.

2 Butter in einem Topf zerlassen, Mehl darin hellgelb rösten und Kochfond und Milch unter Rühren hinzufügen. Die Sauce mit Salz, Pfeffer und Muskat würzen und etwa 2 Minuten köcheln lassen.

3 Die Hähnchenbrustfilets unter fließendem kalten Wasser abspülen, trockentupfen, in feine Streifen schneiden und mit Salz und Pfeffer würzen.

4 Eine flache Auflaufform leicht fetten und Kohlrabischeiben und Hähnchenbrustfiletstreifen einschichten. Sauce darüber verteilen und mit Käse bestreuen. Die Form auf dem Rost in den Backofen schieben.

Ober-/Unterhitze: etwa 200 °C (vorgeheizt)
Heißluft: etwa 180 °C (vorgeheizt)
Gas: Stufe 3–4 (vorgeheizt)
Backzeit: 25–30 Minuten.

5 Den Auflauf vor dem Servieren mit gehackter Petersilie bestreuen.

Beilage: *Kartoffeln, in Butter geschwenkt.*

Tipp: *Statt Hähnchenbrustfilets eignet sich für diesen Auflauf auch gekochter Schinken, Fleischwurst oder Kasseler.*

Knoblauchhähnchen mit Salat

Zutaten

Für das Hähnchen:
1 küchenfertiges Hähnchen (etwa 1,2 kg)
Cayennepfeffer
Salz
3 EL Olivenöl
300 ml Hühnerbrühe
1 Knolle Knoblauch
1 EL Kräuter der Provence

Für den Salat:
1 Kopf Eisbergsalat
1 Salatgurke
2 Tomaten
2 EL Obstessig
2 EL Apfelsaft
Salz
frisch gemahlener Pfeffer
3 EL Sonnenblumenöl

Zubereitungszeit:
90 Minuten

Pro Portion:
E: 72 g, F: 53 g, Kh: 10 g, kJ: 3382, kcal: 807

FÜR GÄSTE

1 Das Hähnchen enthäuten, innen und außen unter fließendem kalten Wasser abspülen und trockentupfen. Hähnchen in mehrere kleine Stücke zerteilen und mit Cayennepfeffer, Salz und Öl einreiben.

2 Brühe in einen großen Schmortopf oder Bräter gießen und das Fleisch hineingeben. Knoblauch in die einzelnen Zehen teilen, Zehen ungeschält zu dem Fleisch geben und Kräuter der Provence darüber streuen.

3 Den Topf oder Bräter fest mit dem Deckel verschließen, evtl. Alufolie zwischen Topf und Deckel legen und auf dem Rost in den Backofen schieben.

Ober-/Unterhitze: etwa 200 °C (vorgeheizt)
Heißluft: etwa 180 °C (nicht vorgeheizt)
Gas: Stufe 3–4 (nicht vorgeheizt)
Garzeit: etwa 60 Minuten.

4 Für den Salat Eisbergsalat von den welken Blättern befreien, halbieren, in breite Streifen schneiden, waschen und abtropfen lassen.

5 Gurke nach Belieben schälen, Enden abschneiden und die Gurke in Würfel schneiden. Tomaten waschen, trockentupfen, halbieren, Stängelansätze entfernen und Tomaten in feine Spalten schneiden und diese halbieren.

6 Essig mit Saft, Salz und Pfeffer verrühren, Öl unterschlagen. Salatzutaten und Dressing mischen.

7 Hähnchen herausnehmen, auf Tellern anrichten und den Salat dazu reichen.

Tipp: *Zum Essen den garen Knoblauch aus den Zehen auf geröstetes Weißbrot streichen.*

Zwiebelkuchen

Zutaten

Für 4–6 Personen

Für den Hefeteig:
250 g Weizenmehl
1 Pck. Trockenhefe
1 Prise Zucker
1 Prise Salz
50 g zerlassene, abgekühlte Butter oder Margarine
125 ml (1/8 l) lauwarme Milch

Für den Belag:
500 g Zwiebeln
2 EL Butter oder Margarine
1 EL Weizenmehl
3 Eier (Größe M)
300 g saure Sahne
einige Kümmelsamen
Salz
50 g durchwachsener Speck

Zubereitungszeit:
70 Minuten, ohne Teiggehzeit

Pro Portion:
E: 12 g, F: 24 g, Kh: 38 g, kJ: 1771, kcal: 423

KLASSISCH – FÜR GÄSTE

1 Für den Teig Mehl in eine Rührschüssel sieben und mit Trockenhefe sorgfältig vermischen. Zucker, Salz, Butter oder Margarine und Milch hinzufügen. Die Zutaten mit Handrührgerät mit Knethaken zunächst auf niedrigster, dann auf höchster Stufe in etwa 5 Minuten zu einem glatten Teig verarbeiten. Den Teig zugedeckt so lange an einem warmen Ort stehen lassen, bis er sich sichtbar vergrößert hat.

2 Inzwischen für den Belag Zwiebeln abziehen, halbieren und würfeln. Butter oder Margarine zerlassen und die Zwiebeln darin glasig dünsten. Mehl mit Eiern, saurer Sahne, Kümmel und Salz verrühren und mit den Zwiebeln mischen.

3 Den Teig nochmals kurz auf der Arbeitsfläche durchkneten und zwei Drittel davon auf dem Boden einer Springform (Ø 26 cm, Boden gefettet) ausrollen. Den Springformrand darumlegen. Restlichen Teig zu einer Rolle formen, innen an den Formrand legen und zu einem 2–3 cm hohen Rand drücken. Die Zwiebelmasse gleichmäßig auf dem Teigboden verteilen.

4 Speck in feine Würfel schneiden und auf der Zwiebelmasse verteilen. Den Teig nochmals so lange an einem warmen Ort gehen lassen, bis er sich sichtbar vergrößert hat. Die Form auf dem Rost in den Backofen schieben.

Ober-/Unterhitze: etwa 200 °C (vorgeheizt)
Heißluft: etwa 180 °C (nicht vorgeheizt)
Gas: Stufe 3–4 (nicht vorgeheizt)
Backzeit: etwa 40 Minuten.

5 Den Kuchen aus der Form lösen und auf einem Kuchenrost etwas abkühlen lassen. Kuchen lauwarm servieren.

Tipp: *Schmeckt statt mit Zwiebeln auch mit 750 g Porree (Lauch) zubereitet ganz köstlich und ist auch mal eine preiswerte Idee für ein zünftiges Party-Büffet.*

Nudel-Gemüse-Pfanne

Zutaten

4 l Wasser
4 gestr. TL Salz
400 g Nudeln, z. B. Penne
1 Zwiebel
je 1 rote und grüne Paprikaschote
3 EL Olivenöl
300 g frische Champignons oder TK-Champignonscheiben
2 Becher (je 150 g) Crème fraîche
frisch gemahlener Pfeffer
Currypulver
1 Bund Schnittlauch

Zubereitungszeit:
30 Minuten

Pro Portion:
E: 18 g, F: 33 g, Kh: 76 g, kJ: 2835, kcal: 680

SCHNELL ZUBEREITET

1 Wasser in einem großen, geschlossenen Topf zum Kochen bringen. Dann Salz und Nudeln hinzugeben. Die Nudeln im geöffneten Topf bei mittlerer Hitze nach Packungsanleitung bissfest kochen, dabei gelegentlich umrühren. Anschließend Nudeln in ein Sieb geben, mit heißem Wasser abspülen und abtropfen lassen.

2 Zwiebel abziehen und würfeln. Paprikaschoten halbieren, entstielen, entkernen, die weißen Scheidewände entfernen, die Schoten waschen und in Würfel schneiden.

3 Öl in einer Pfanne erhitzen. Die Zwiebelwürfel darin andünsten. Die Paprikawürfel hinzufügen und kurz mitdünsten. Pilze putzen, evtl. klein schneiden. Die TK-Champignonscheiben unaufgetaut hinzufügen und alles etwa 5 Minuten leicht schmoren lassen.

4 Nudeln und Crème fraîche unter das Gemüse mischen und miterhitzen. Alles mit Salz, Pfeffer und Curry abschmecken.

5 Schnittlauch waschen, trockentupfen, in Ringe schneiden und vor dem Servieren über die Nudelpfanne streuen.

Tipp: *Verwenden Sie in den Wintermonaten die preiswerteren Paprikastreifen aus der Tiefkühltruhe.*

Pfannkuchen mit Gemüse nach mexikanischer Art

Zutaten

Für die Pfannkuchen:
250 g Weizenmehl
4 Eier (Größe M)
375 ml (3/8 l) Milch
1 Prise Salz
125 ml (1/8 l) Mineralwasser
3 EL Butter zum Braten

Für die Füllung:
1 Knoblauchzehe
1 EL Speiseöl
2 Stangen Porree (Lauch)
1 kleine Dose stückige Tomaten (Einwaage 400 g)
Salz
frisch gemahlener Pfeffer
Cayennepfeffer
1 kleine Dose Kidneybohnen (Abtropfgewicht 250 g)
1 kleine Dose Gemüsemais (Abtropfgewicht 140 g)

Zubereitungszeit:
45 Minuten, ohne Quellzeit

Pro Portion:
E: 27 g, F: 28 g, Kh: 62 g, kJ: 2496, kcal: 596

GELINGT LEICHT

1 Für die Pfannkuchen Mehl in eine Schüssel sieben und in die Mitte eine Vertiefung drücken. Eier mit etwas Milch und Salz verrühren, in die Vertiefung geben und von der Mitte aus mit Hilfe eines Schneebesens mit dem Mehl verrühren. Restliche Milch und Mineralwasser unter Rühren langsam hinzufügen, bis ein dickflüssiger Teig entsteht. Den Teig 15–30 Minuten quellen lassen.

2 In der Zwischenzeit für die Füllung Knoblauch abziehen, fein würfeln und im heißen Öl glasig dünsten. Porree putzen, halbieren und gründlich abspülen. Porree abtropfen lassen, in Ringe schneiden und im Bratfett andünsten.

3 Tomatenstücke hinzugeben und mit Salz, Pfeffer und Cayennepfeffer feurig würzen. Alles bei starker Hitze etwa 10 Minuten etwas einkochen lassen, dabei gelegentlich umrühren. Bohnen abspülen und abtropfen lassen. Mais ebenfalls abtropfen lassen. Beides in die Tomatensauce geben und alles nochmals etwa 5 Minuten köcheln lassen.

4 Butter portionsweise in einer Pfanne erhitzen und eine dünne Teiglage gleichmäßig in der Pfanne verteilen. Sobald die Ränder goldgelb sind, Pfannkuchen wenden und auf der anderen Seite fertig backen. Restliche Pfannkuchen auf dieselbe Art zubereiten. Aus dem Teig 8 Pfannkuchen backen. Teig vor jedem Backen umrühren und die Pfannkuchen warm stellen.

5 Jeweils etwas Füllung auf die Pfannkuchen geben, zusammenklappen und sofort servieren.

Gemüsepfanne mit Tomatensauce

Zutaten

2 mittelgroße Zucchini (je 250 g)
1 große Gemüsezwiebel (etwa 400 g)
2 Knoblauchzehen
je 1 große rote, gelbe und grüne Paprikaschote
1 milde rote Chilischote
4 EL Olivenöl
Salz
frisch gemahlener Pfeffer
2 TL gerebelter Majoran
1 Dose Pizza-Tomaten (Einwaage 400 g)
2 große Möhren
2 EL gehackte Kräuter, z. B. Petersilie, Schnittlauch, Basilikum, Oregano

Zubereitungszeit:
etwa 30 Minuten

Pro Portion:
E: 8 g, F: 12 g, Kh: 22 g, kJ: 965, kcal: 230

SCHNELL ZUBEREITET

1 Zucchini waschen, Enden abschneiden, Zucchini längs halbieren und quer in Scheiben schneiden. Gemüsezwiebel und Knoblauchzehen abziehen, Zwiebel halbieren und in große Würfel schneiden. Knoblauchzehen durch die Presse drücken.

2 Paprikaschoten und Chilischote halbieren, entstielen, entkernen, weiße Scheidewände entfernen, Schoten waschen und in große Stücke bzw. Ringe schneiden. Olivenöl erhitzen, vorbereitetes Gemüse darin andünsten, mit Salz, Pfeffer und Majoran bestreuen und zugedeckt etwa 10 Minuten garen lassen.

3 Pizza-Tomaten darauf geben. Möhren putzen, schälen, waschen, grob reiben und über das Gemüse verteilen. Alles nochmals erhitzen, kräftig abschmecken und mit den Kräutern bestreuen.

Tipp: *Je nach Jahreszeit können Sie für diese Gemüsepfanne auch andere Gemüsesorten verwenden, z. B. Auberginen, Porree oder grüne Bohnen.*

Beilage: *Körnig gekochter Reis, Fladenbrot.*

Nudeln mit Möhren-Tomaten-Sauce

Zutaten

2 Zwiebeln
1 Knoblauchzehe
750 g Möhren (frisch oder TK)
3 EL Speiseöl
Salz
frisch gemahlener Pfeffer
gerebelter Salbei
150 ml Gemüsebrühe
1 Dose stückige Tomaten (Einwaage 400 g)
3 l Wasser
3 gestr. TL Salz
350 g Nudeln (Spaghetti oder Bandnudeln)
100 ml Schlagsahne
2 EL gehacktes Basilikum (frisch oder TK)
4 EL geriebener Parmesan-Käse

Zubereitungszeit:
25 Minuten

Pro Portion:
E: 16 g, F: 20 g, Kh: 72 g, kJ: 2237, kcal: 534

FÜR KINDER

1 Zwiebeln und Knoblauch abziehen und fein würfeln. Möhren putzen, schälen, waschen und klein schneiden. Öl in einem Topf erhitzen, Zwiebeln, Knoblauch und Möhren darin andünsten und mit Salz, Pfeffer und Salbei würzen.

2 Gemüsebrühe dazugießen und alles zugedeckt bei schwacher Hitze etwa 8 Minuten köcheln lassen. Tomaten zu den Möhren geben, alles nochmals würzen und etwa 5 Minuten köcheln lassen.

3 Wasser in einem großen, geschlossenen Topf zum Kochen bringen. Dann Salz und Nudeln zugeben. Die Nudeln im geöffneten Topf bei mittlerer Hitze nach Packungsanleitung bissfest kochen, dabei gelegentlich umrühren.

4 Anschließend Nudeln in ein Sieb geben, mit heißem Wasser abspülen und abtropfen lassen. Möhren und Tomaten fein pürieren und die Sauce mit Sahne verfeinern. Basilikum unterrühren und die Sauce nochmals abschmecken.

5 Zum Servieren Nudeln mit der Sauce anrichten und mit Parmesan-Käse bestreuen.

Tipp: *Die Sauce lässt sich gut in großen Mengen vorbereiten und einfrieren.*
Streuen Sie statt Parmesan-Käse etwas zerbröckelten Schafkäse oder Edelpilzkäse über das Gericht.

Brotecken mit Käse-Kräuter-Füllung

Zutaten

8 Scheiben Sandwichbrot
4 kleine Scheiben Schnittkäse (z. B. Gouda; etwa ½ cm dick)
frische Basilikumblättchen oder 1 TL gerebelter Thymian
3 Eier (Größe M)
4 EL Milch
frisch gemahlener Pfeffer
2 EL Weizenmehl
100 g Butterschmalz

Zum Garnieren:
evtl. Kirschtomaten
frisches Basilikum

Zubereitungszeit:
20 Minuten

Pro Portion:
E: 21 g, F: 42 g, Kh: 35 g, kJ: 2508, kcal: 599

SCHNELL – FÜR GÄSTE

1 Brot entrinden. 4 Scheiben davon mit je 1 Scheibe Käse belegen, dabei soll rundherum ein Rand von etwa 1 cm frei bleiben. Käse mit etwas Basilikum belegen oder etwas Thymian darauf streuen und die restlichen Brotscheiben darauf legen.

2 Ein Ei trennen. Eigelb und übrige Eier mit Milch und Pfeffer verquirlen. Das Eiweiß in einem Teller aufschlagen, Ränder der Brote damit bestreichen und fest zusammendrücken. Brote von beiden Seiten in Mehl wenden, nebeneinander in eine flache Schale legen, mit Eiermilch übergießen und so lange liegen lassen, bis die Eiermilch aufgesogen ist. Dabei einmal wenden.

3 Butterschmalz in einer großen Pfanne erhitzen und die Brotscheiben von beiden Seiten etwa 3 Minuten goldbraun backen. Scheiben aus der Pfanne nehmen und auf Küchenpapier legen, damit überschüssiges Fett aufgesogen werden kann.

4 Warme Brote vor dem Servieren diagonal halbieren und nach Belieben mit Basilikum und Kirschtomaten anrichten.

Tipp: *Die Brotecken sind ideal als schneller, unkomplizierter Sommer-Snack. Dazu passt ein frischer Tomaten-Zwiebel-Salat.*

Gurken mit Grünkernfüllung

Zutaten

50 g Grünkernschrot (Reformhaus oder Naturkostladen)
125 ml (1/8 l) Gemüsebrühe
2 Salatgurken (ersatzweise 6 mittelgroße Zucchini oder 2 Schmorgurken, etwa 1 kg)
1 Zwiebel
20 g Butter
200 g Schafkäse
1 EL gehackte Petersilie
1 Ei (Größe M)
Salz
frisch gemahlener Pfeffer
500 ml (½ l) Gemüsebrühe
1 Becher (150 g) Crème fraîche
1 EL Tomatenmark

Zubereitungszeit:
90 Minuten

Pro Portion:
E: 15 g, F: 30 g, Kh: 15 g, kJ: 1642, kcal: 393

VOLLWERTIG

1 Grünkernschrot in 125 ml (1/8 l) heißer Brühe 20–25 Minuten zugedeckt bei schwacher Hitze quellen lassen. Gurken waschen, nach Belieben schälen, der Länge nach halbieren und die Kerne mit einem Löffel herauslösen.

2 Zwiebel abziehen, würfeln und in der zerlassenen Butter andünsten. Schafkäse würfeln, zusammen mit Zwiebelwürfeln, Petersilie und Ei unter die abgekühlte Grünkernmasse mischen und mit etwas Salz und Pfeffer würzen.

3 Masse in die Gurken füllen, die Gurken in eine feuerfeste Form setzen und 500 ml (1/2 l) Brühe angießen. Die Form mit einem Deckel verschließen und auf dem Rost in den Backofen schieben.

Ober-/Unterhitze: etwa 200 °C (vorgeheizt)
Heißluft: etwa 180 °C (nicht vorgeheizt)
Gas: Stufe 3–4 (nicht vorgeheizt)
Garzeit: etwa 50 Minuten.

4 Gurken aus der Form nehmen und warm stellen. Gemüsesud aus der Form mit Crème fraîche und Tomatenmark verrühren, kurz aufkochen lassen und mit Salz und Pfeffer abschmecken. Die Sauce zu den Gurken servieren.

Tipp: *Wenn im Hochsommer Hauptsaison für die leckeren Schmorgurken ist, sollten Sie dieses Gericht preiswert zubereiten und auf Vorrat einfrieren (Haltbarkeit tiefgekühlt etwa 6 Monate).*

Penne mit pikanter Kürbis-Tomaten-Sauce

Zutaten

4 l Wasser
4 gestr. TL Salz
400 g Penne-Nudeln (oder andere Nudeln Ihrer Wahl)
2 Zwiebeln
4 Fleischtomaten
1 Glas eingelegte Kürbisstückchen (Abtropfgewicht 370 g)
2 EL eingelegte Kapern (aus dem Glas)
3 EL Olivenöl
frisch gemahlener Pfeffer
geriebene Muskatnuss
etwas frische Minze oder glatte Petersilie

Zubereitungszeit:
25 Minuten

Pro Portion:
E: 15 g, F: 11 g, Kh: 76 g,
kJ: 1964, kcal: 469

RAFFINIERT

1 Wasser in einem großen, geschlossenen Topf zum Kochen bringen. Dann Salz und Nudeln hinzugeben. Die Nudeln im geöffneten Topf bei mittlerer Hitze nach Packungsanleitung bissfest kochen, dabei gelegentlich umrühren. Anschließend Nudeln in ein Sieb geben, mit heißem Wasser abspülen und abtropfen lassen.

2 Zwiebeln abziehen, in Scheiben schneiden und in Ringe teilen. Tomaten abspülen, abtrocknen, halbieren, die Stängelansätze herausschneiden und die Tomaten in Stücke schneiden. Kürbis und Kapern gut abtropfen lassen.

3 Öl in einem Topf erhitzen und zunächst die Zwiebelringe darin andünsten. Tomatenstücke dazugeben und kurz mitdünsten. Kürbis und Kapern hinzufügen, alles kurz erhitzen und mit Salz, Pfeffer und Muskat würzen.

4 Minzezweige oder Petersilie abspülen, die Blätter von den Stängeln zupfen und in feine Streifen schneiden. Abgetropfte Nudeln zum Gemüse geben und mit Salz, Pfeffer und Muskat würzen. Minze oder Petersilie unterheben und sofort servieren.

Tipp: *Besonders würzig wird dieses Pasta-Gericht, wenn Sie es mit knusprigen Röstzwiebeln servieren.*

Kürbis-Käse-Kuchen vom Blech

Zutaten

für 4–6 Personen

Für den Knetteig:
400 g Weizenmehl
1 gestr. TL Salz
1 Ei (Größe M)
200 g Butter oder Margarine
2 EL kaltes Wasser

Für den Belag:
1 kleiner Kürbis (etwa 500 g)
6 Eier (Größe M)
250 ml (¼ l) Milch
400 g Schmand
Salz
frisch gemahlener Pfeffer
gemahlener Zimt
150 g geriebener Käse (z. B. Gouda)

Zubereitungszeit:
70 Minuten, ohne Abkühlzeit

Pro Portion:
E: 26 g, F: 65 g, Kh: 54 g, kJ: 3788, kcal: 905

FÜR GÄSTE

1 Für den Teig Mehl in eine Rührschüssel sieben. Salz, Ei, Butter oder Margarine und Wasser hinzufügen. Die Zutaten mit Handrührgerät mit Knethaken zunächst kurz auf niedrigster, dann auf höchster Stufe gut durcharbeiten.

2 Anschließend auf einer bemehlten Arbeitsfläche zu einem glatten Teig verkneten. Sollte er kleben, ihn in Folie gewickelt eine Zeit lang kalt stellen. Den Teig auf einem Backblech (30 x 40 cm, gefettet) ausrollen. Das Backblech in den Backofen schieben und den Boden vorbacken.

Ober-/Unterhitze: etwa 180 °C (vorgeheizt)
Heißluft: etwa 160 °C (vorgeheizt)
Gas: Stufe 2–3 (vorgeheizt)
Backzeit: etwa 10 Minuten.

3 Das Backblech auf einen Kuchenrost stellen und den Boden etwas abkühlen lassen.

4 Für den Belag Kürbis schälen und halbieren. Die Kerne mit einem Löffel herauslösen. Das Kürbisfleisch in Spalten schneiden und grob reiben. Eier mit Milch und Schmand geschmeidig rühren und mit Salz, Pfeffer und 1 Prise Zimt würzen. Kürbis und geriebenen Käse unterrühren.

5 Die Kürbis-Käse-Masse auf dem vorgebackenen Boden verteilen. Das Backblech in den Backofen schieben und den Kuchen **bei der oben angegebenen Backofeneinstellung in etwa 40 Minuten** fertig backen.

6 Das Backblech auf einen Kuchenrost stellen. Den Kuchen etwas abkühlen lassen und in Stücke schneiden. Warm oder kalt servieren.

Knackiges Currygemüse

Zutaten

1,2 kg frisches, gemischtes Gemüse, z. B. Möhren, grüne Bohnen, gelbe und rote Paprikaschoten
4 EL Speiseöl
125 ml (⅛ l) Gemüsebrühe
40 g Puderzucker
1 Becher (150 g) Crème fraîche
1 EL Currypulver
Salz
frisch gemahlener grüner Pfeffer
1–2 TL Essig
1 EL gehackte Kräuter (z. B. Kerbel oder Petersilie; frisch oder TK)

Zubereitungszeit:
50 Minuten

Pro Portion:
E: 7 g, F: 22 g, Kh: 22 g, kJ: 1332, kcal: 318

RAFFINIERT

1 Möhren putzen, schälen, waschen und in Streifen schneiden. Bohnen waschen, abtropfen lassen, Enden abschneiden, evtl. abfädeln und lange Bohnen halbieren. Paprikaschoten halbieren, entstielen, entkernen, die weißen Scheidewände entfernen, die Schoten waschen und in Streifen schneiden.

2 Öl portionsweise in einem großen Topf erhitzen. Das Gemüse in etwa 3 Portionen darin andünsten. Dann alles wieder in den Topf geben, Brühe dazugießen und alles bei mittlerer Hitze zugedeckt etwa 10 Minuten dünsten lassen.

3 Puderzucker in einem zweiten großen Topf schmelzen und leicht bräunen lassen (karamellisieren). Das Gemüse abgießen, gut abtropfen lassen und kurz im Karamell schwenken.

4 Crème fraîche unterrühren und alles mit Currypulver, Salz, Pfeffer und Essig pikant abschmecken. Das Gemüse vor dem Servieren mit Kräutern bestreuen.

Tipp: *Dazu passt körnig gekochter Reis.*
Das Currygemüse lässt sich auch gut mit einer TK-Gemüsemischung zubereiten.

Griechischer Bauernsalat

Zutaten

2 Salatgurken
1 rote Paprikaschote
6 mittelgroße Tomaten
1 mittelgroße Gemüsezwiebel
75 g schwarze Oliven
200 g Schafkäse

Für das Dressing:
2 EL Weißweinessig
Salz
frisch gemahlener Pfeffer
1 Prise Zucker
5 EL Olivenöl
frische Majoranblättchen (ersatzweise Oregano, Basilikum oder Petersilie)

Zubereitungszeit:
20 Minuten

Pro Portion:
E: 13 g, F: 25 g, Kh: 14 g, kJ: 1412, kcal: 336

KLASSISCH

1 Gurken schälen, die Enden abschneiden, Gurken längs halbieren, nach Belieben die Kerne mit Hilfe eines Löffels herausschaben und die Gurken in Scheiben schneiden. Paprikaschote halbieren, entstielen, entkernen und weiße Scheidewände entfernen. Schote waschen und in grobe Würfel schneiden.

2 Tomaten waschen, abtrocknen, halbieren, die Stängelansätze herausschneiden und Tomaten in Stücke schneiden. Gemüsezwiebel abziehen, in dünne Scheiben schneiden und in Ringe teilen.

3 Oliven evtl. abtropfen lassen. Schafkäse würfeln oder in dünne Scheiben schneiden. Die vorbereiteten Zutaten auf einer großen Platte anrichten.

4 Für das Dressing Essig mit Salz, Pfeffer und Zucker verrühren. Öl unterschlagen. Dressing über die Salatzutaten träufeln und mit Majoranblättchen bestreuen.

Tipp: *Den griechischen Bauernsalat als leichtes Sommergericht auf Salatblättern anrichten und mit aufgebackenem Pide (Fladenbrot) servieren.*
Den Schafkäse durch Mozzarellascheiben ersetzen. Scheiben auf den Salat legen, diesen mit dem Dressing beträufeln und mit den Kräutern bestreut servieren.

Gemüsegratin

Zutaten

500 g mittelgroße Kartoffeln
2 Kohlrabi
4 Möhren
1 Stange Porree (Lauch)
1–2 EL Speiseöl
Salz
frisch gemahlener Pfeffer
125 ml (⅛ l) Gemüsebrühe
1 Becher (150 g) Crème fraîche
gerebeltes Basilikum
2 EL gehackte glatte Petersilie
150 g geriebener Käse, z. B. Gouda

Zubereitungszeit:
50 Minuten

Pro Portion:
E: 20 g, F: 26 g, Kh: 35 g,
kJ: 1934, kcal: 464

BELIEBT

1 Kartoffeln waschen, schälen, abspülen und halbieren. Kohlrabi schälen, waschen und halbieren. Möhren putzen, schälen und waschen. Porree putzen, die Stange längs halbieren, gründlich waschen und abtropfen lassen. Kartoffelhälften und das vorbereitete Gemüse in Scheiben bzw. Streifen schneiden.

2 Öl in einem großen Topf erhitzen, Kartoffeln und Gemüse darin andünsten und mit Salz und Pfeffer würzen. Brühe dazugießen und alles etwa 10 Minuten zugedeckt dünsten lassen.

3 Das Gemüse mit Crème fraîche, Basilikum und Petersilie verrühren und in eine Gratinform geben. Den Käse darüber streuen und die Form auf dem Rost in den Backofen schieben.

Ober-/Unterhitze: 180–200 °C (vorgeheizt)
Heißluft: 160–180 °C (vorgeheizt)
Gas: etwa Stufe 3 (vorgeheizt)
Garzeit: etwa 30 Minuten.

Tipp: *Für dieses Gratin können Sie je nach Saison unterschiedlichste Gemüsesorten verwenden, die dann preiswert angeboten werden.*
Das Gratin schmeckt auch sehr gut mit Mozzarella-Käse überbacken.
Streuen Sie einige Sonnenblumenkerne auf das Gratin.

Eier-Mozzarella-Toast

Zutaten

8 Eier
8 kleine Tomaten
2 Pck. (je 125 g) Mozzarella-Käse
8 große Scheiben Toastbrot
25 g Butter
Salz
frisch gemahlener Pfeffer
einige gehackte Oregano-blättchen

Zubereitungszeit:
30 Minuten

Pro Portion:
E: 33 g, F: 32 g, Kh: 32 g,
kJ: 2294, kcal: 547

SCHNELL ZUBEREITET

1 Eier in kochendes Wasser geben, zum Kochen bringen und in etwa 10 Minuten hart kochen. Die Eier dann mit kaltem Wasser abschrecken, pellen, etwas abkühlen lassen und in gleichmäßige Scheiben schneiden.

2 Tomaten waschen, abtrocknen, die Stängelansätze herausschneiden und Tomaten in Scheiben schneiden. Mozzarella abtropfen lassen und in Scheiben schneiden. Toastbrotscheiben toasten, etwas abkühlen lassen und mit Butter bestreichen.

3 Eier- und Tomatenscheiben abwechselnd auf den Toastscheiben anordnen, mit Salz und Pfeffer würzen und mit Oreganoblättchen bestreuen. Mozzarellascheiben darauf verteilen.

4 Die Toasts auf ein mit Backpapier belegtes Backblech legen. Das Backblech in den Backofen schieben und die Toasts überbacken, bis der Käse zu schmelzen beginnt.

Ober-/Unterhitze: etwa 200 °C (vorgeheizt)
Heißluft: etwa 180 °C (vorgeheizt)
Gas: Stufe 3–4 (vorgeheizt)
Backzeit: etwa 10 Minuten.

Tipp: *Die Toasts nach Belieben vor dem Servieren mit Oreganoblättchen garnieren.*

Beilage: *Dazu passt ein Feldsalat mit Croûtons. Für den Salat 200 g Feldsalat putzen, gründlich waschen und trockenschleudern. 3 Scheiben Toastbrot in kleine Würfel schneiden und in 50 g zerlassener Butter anrösten. Für die Sauce 4 Esslöffel Essig mit 2 Esslöffeln Orangensaft, Salz, Pfeffer und etwas Zucker verrühren. 4 Esslöffel Öl unterschlagen. Die Sauce über den Salat geben und mit Croûtons bestreuen.*

Brokkoli-Möhren-Auflauf mit Hirse

Zutaten

150 g Hirse
375 ml (3/8 l) Wasser
½ TL Salz
500 g Möhren
500 g Brokkoli
4 Eier (Größe M)
125 ml (1/8 l) Schlagsahne
200 g geriebener Käse (z. B. Gouda)
20 g Butter für die Form

Zubereitungszeit:
75 Minuten

Pro Portion:
E: 30 g, F: 37 g, Kh: 36 g, kJ: 2511, kcal: 600

VOLLWERTIG

1 Hirse in kaltem Wasser aufsetzen, einmal aufkochen lassen, Salz hinzugeben und zugedeckt in etwa 20 Minuten bei schwacher Hitze ausquellen lassen.

2 Möhren putzen, schälen, waschen und in Scheiben schneiden. Brokkoli putzen, waschen und in Röschen teilen. Gemüse getrennt in wenig Wasser 5–6 Minuten dünsten lassen.

3 Eier trennen. Eigelb mit Sahne, geriebenem Käse (etwa 2 Esslöffel davon zurücklassen) und der gekochten Hirse verrühren. Eiweiß steif schlagen und unterheben. Ein Drittel der Hirsemasse und einige Brokkoliröschen und Möhrenscheiben beiseite stellen.

4 Restliches Gemüse und Hirsemasse miteinander vermengen und in eine gut gefettete flache Auflaufform füllen. Restliche Hirse ohne Gemüse darauf streichen und mit dem zurückgelassenen Gemüse garnieren. Die Form auf dem Rost in den Backofen schieben.

Ober-/Unterhitze: etwa 200 °C (vorgeheizt)
Heißluft: etwa 180 °C (nicht vorgeheizt)
Gas: Stufe 3–4 (nicht vorgeheizt)
Backzeit: 30–40 Minuten.

5 Etwa 10 Minuten vor Ende der Backzeit den restlichen Käse auf den Auflauf streuen und überbacken lassen.

Tipp: *Probieren Sie den Auflauf statt mit Hirse einmal mit Vollkornreis.*

Alphabetisches Register

Alphabetisches Register

Kapitelregister

Suppen & Eintöpfe

Fleisch & Wurst

Fisch

Nudeln, Reis & Kartoffeln

Kapitelregister

Umwelthinweis: Dieses Buch und der Einband wurden auf chlorfrei gebleichtem Papier gedruckt. Die Einschrumpffolie – zum Schutz vor Verschmutzung – ist aus umweltfreundlichem und recyclingfähigem PE-Material.

Wenn Sie Anregungen, Vorschläge oder Fragen zu unseren Büchern haben, rufen Sie uns unter folgender Nummer an 0521 155-2580 oder 520651 oder schreiben Sie uns:
Dr. Oetker Verlag KG, Am Bach 11, 33602 Bielefeld.

Redaktion: Sabine Puppe, Susanne Legien-Raht, Eva-Maria Dammeier

Titelfoto: Thomas Diercks, Hamburg

Innenfotos:
Thomas Diercks, Hamburg (S. 5, 19, 41, 73, 83, 113)
Ulli Hartmann, Bielefeld (S. 89)
Ulrich Kopp, Füssen
(S. 9, 11, 13, 15, 17, 23-33, 39, 45-51, 55, 57, 61, 63, 67, 71, 77, 79, 85, 91-101, 105, 109, 115, 119, 121)
Bernd Lippert, Bielefeld (S. 21)
Niederländisches Büro für Milcherzeugnisse, Rijswijk, Niederlande (S. 35, 53, 107, 123)
Hans-Joachim Schmidt, Hamburg
(S. 43, 69, 75, 81, 103, 111)
Norbert Toelle, Bielefeld (S. 37, 59)
Brigitte Wegner, Bielefeld (S. 65, 117)
Winkler Studios, Bremen (S. 87)

Rezeptentwicklung und -beratung:
Susanne Legien-Raht
Mechthild Plogmaker, Dr. Oetker Versuchsküche, Bielefeld

Nährwertberechnung: Susanne Legien-Raht

Grafisches Konzept: Björn Carstensen, Hamburg
Titelgestaltung: KonturDesign, Bielefeld

Satz und Reproduktionen: Lithotronic Media GmbH, Frankfurt am Main
Druck und Bindung: MOHN Media Mohndruck GmbH, Gütersloh

ISBN 3-7670-0573-5

Kapitelregister

Aus dem Ofen

Vegetarisch

Umwelthinweis
Dieses Buch und der Einband wurden auf chlorfrei gebleichtem Papier gedruckt. Die Einschrumpffolie – zum Schutz vor Verschmutzung – ist aus umweltfreundlichem und recyclingfähigem PE-Material.

Wenn Sie Anregungen, Vorschläge oder Fragen zu unseren Büchern haben, rufen Sie uns unter folgender Nummer an 0521 155–2580 oder 520651 oder schreiben Sie uns: Dr. Oetker Verlag KG, Am Bach 11, 33602 Bielefeld.

Redaktion
Sabine Puppe, Susanne Legien-Raht, Eva-Maria Dammeier

Titelfoto
Thomas Diercks, Hamburg

Innenfotos
Thomas Diercks, Hamburg (S. 5, 19, 41, 73, 83, 113)
Ulli Hartmann, Bielefeld (S. 89)
Ulrich Kopp, Füssen
(S. 9, 11, 13, 15, 17, 23-33, 39, 45-51, 55, 57, 61, 63, 67, 71, 77, 79, 85, 91-101, 105, 109, 115, 119, 121)
Bernd Lippert, Bielefeld (S. 21)
Niederländisches Büro für Milcherzeugnisse, Rijswijk, Niederlande (S. 35, 53, 107, 123)
Hans-Joachim Schmidt, Hamburg
(S. 43, 69, 75, 81, 103, 111)
Norbert Toelle, Bielefeld (S. 37, 59)
Brigitte Wegner, Bielefeld (S. 65, 117)
Winkler Studios, Bremen (S. 87)

Rezeptentwicklung und -beratung
Susanne Legien-Raht
Mechthild Plogmaker, Dr. Oetker Versuchsküche, Bielefeld

Nährwertberechnung
Susanne Legien-Raht

Grafisches Konzept
Björn Carstensen, Hamburg

Titelgestaltung
KonturDesign, Bielefeld

Satz und Reproduktionen
Lithotronic Media GmbH, Frankfurt am Main

Druck und Bindung
MOHN Media Mohndruck GmbH, Gütersloh

ISBN 3-7670-0573-5